GUIDE DU PÉLERIN

A ROC-AMADOUR

GUIDE

DU PÉLERIN

A

ROC-AMADOUR

MONTAUBAN

VICTOR BERTUOT, IMPRIMEUR-ÉDITEUR

PLACE IMPÉRIALE

A ROC-AMADOUR

AU MAGASIN DE MARIE

1862

Monseigneur Jean-Jacques-David Bardou, évêque de Cahors, a daigné adresser à l'auteur du *Guide du Pélerin à Roc-Amadour,* la lettre suivante :

Cahors, le 9 septembre 1862.

MON CHER ABBÉ,

Je vous félicite de la bonne pensée que vous avez eue de publier la description de nos sanctuaires de Roc-Amadour. Personne ne pouvait faire cela mieux que vous. C'est un nouveau service que vous rendez aux pélerins, et un nouveau titre que vous acquérez à mon affectueuse estime; car vous complétez ainsi l'œuvre que vous avez entreprise en vous consacrant à la restauration de notre célèbre pélerinage.

Votre affectionné,

† JEAN, *Ev. de Cahors.*

INTRODUCTION

Roc-Amadour! Que de pieux élans, de saints désirs, de souvenirs précieux éveillait dans les âmes, pendant les siècles de foi, ce nom si vénéré!

Roc-Amadour était le centre de la piété envers Marie; c'était le trône privilégié de la Reine de Miséricorde. Là elle aimait à recevoir les hommages de ses enfants, elle écoutait plus volontiers leurs prières, elle versait sur eux avec plus d'abondance ses trésors de grâces.

Aussi tous ceux que pressait un péril imminent, les infirmes qui gémissaient sous l'étreinte de la douleur, les infortunés auxquels ne restait même plus l'espérance, les pécheurs qui succombaient sous le poids des remords, tournaient-ils vers ce béni sanctuaire leurs regards suppliants, invoquaient-ils avec confiance Notre-Dame de Roc-Amadour.

De tous les pays voisins, de toutes les provinces de la France, surtout de la Bretagne si fidèle, accouraient de nombreux pélerins. Sur les chemins qu'ils parcouraient à pied par dévotion, par esprit de pénitence, ils se reconnaissaient à leurs insignes; ils se saluaient comme des frères; ils se formaient en pieuses caravanes. Animés d'un égal amour envers celle qu'ils allaient visiter, ils aimaient à parler de sa puissance,

1

à exalter sa miséricorde, à implorer son secours. Des entretiens édifiants, de saints cantiques répétés dans toutes les langues, la récitation du rosaire, charmaient leur pénible marche et leur rendaient douces les épreuves du voyage.

Et lorsqu'ils avaient atteint le terme de leur course, lorsque leurs yeux pouvaient enfin contempler le rocher gigantesque qui abrite l'oratoire de Marie, les édifices sacrés témoins de tant de miracles, ces sanctuaires bénis où tendaient tous leurs vœux, toutes leurs espérances, oh! quelle joie inondait leur âme! Toutes leurs fatigues étaient oubliées; le bonheur qu'ils éprouvaient, leur donnait une vigueur nouvelle. D'un pas rapide ils descendaient jusqu'au bas du rocher. Leur rosaire à la main, ils se prosternaient au pied de l'antique escalier qui conduit à l'enceinte sacrée, et, s'agenouillant sur chaque degré pour réciter en chœur la Salutation Angélique, ils montaient, profondément recueillis, jusqu'à l'autel de l'auguste Reine.

Il leur était enfin donné de pénétrer dans la chapelle des miracles, de contempler la sainte image vénérée par tant de générations, de répandre les sentiments pieux qui débordaient de leur âme.

Oh! Marie, que de larmes ont coulé dans votre saint parvis! Larmes d'amour et d'émotion s'échappant de cœurs inondés de joie; larmes versées par des enfants confiants aux pieds de leur bonne Mère; larmes de repentir sur des fautes passées, sur une vie d'égarement.

Pendant plusieurs siècles, les chemins qui conduisent à Roc-Amadour, furent ainsi sillonnés par de pieuses caravanes. Chaque jour amenait au sanctuaire privilégié de nouveaux pélerins; et Marie, comme une reine puissante et bien-aimée, était toujours entourée d'une cour nombreuse et empressée. C'était une fête

continue, une suite non interrompue d'hymnes de
reconnaissance et de cantiques de joie.

Mais un jour les chants cessèrent; le silence se fit
autour de l'autel; les chemins devinrent déserts.
L'hérésie qui avait semé tant de ruines en Allemagne,
s'abattit comme une tempête sur la France et vint
battre en brèche Roc-Amadour, qui était un boule-
vard de la foi catholique. Les huguenots pénétrèrent
dans ses murs, le fer et le feu à la main. Les sanctuaires furent profanés, les autels renversés, les
reliques dispersées. Lampes précieuses suspendues
aux voûtes par de pieuses mains; *ex-voto* déposés sur
les parois par la reconnaissance; couronnes, guirlandes, témoignages d'amour et de dévotion; vases
sacrés, monstrances, reliquaires, hommages de nos
rois et des princes de l'Eglise; tout fut brisé, fondu,
partagé comme un vil butin. Ce que le marteau ne
put atteindre, fut livré au feu; l'incendie consom-
ma l'œuvre de destruction, et Roc-Amadour ne fut
plus qu'un monceau de ruines et de cendres.

Roc-Amadour ne se releva point de cet horrible
attentat. Des prêtres dévoués, de fervents Catholiques
s'attachèrent à en effacer les traces. Pendant de longues années ils travaillèrent à réparer ses cruels
désastres; mais ils ne purent lui rendre sa première
splendeur.

Cependant la statue miraculeuse avait repris sa
place d'honneur dans le sanctuaire purifié; la prière
interrompue s'élevait de nouveau sous ses voûtes
réédifiées; les chants sacrés retentissaient dans la
basilique, et les chanoines, faisant revivre les anciennes traditions, venaient chaque jour en corps saluer
solennellement leur Reine sur son trône de miséricorde. Les générations nouvelles, qui avaient entendu
raconter les prodiges opérés dans ce lieu béni, ve-

naient à leur tour implorer leur part de grâces et de consolations.

Tout semblait présager une nouvelle ère de gloire et de prospérité, lorsque la tourmente révolutionnaire vint en arrêter le cours.

Dans ces jours néfastes où l'impiété régnait triomphante, Roc-Amadour vit encore ses sanctuaires profanés, ses ornements détruits et pillés. A tant de ruines amoncelées par l'hérésie, vinrent se joindre de nouvelles ruines.

Tous les biens du Pélerinage avaient été confisqués; et lorsque la paix, rendue à l'Eglise, aurait permis de travailler à une nouvelle construction, le manque de ressources y mit un obstacle absolu; ces vénérés sanctuaires restèrent nus et désolés.

Roc-Amadour, qui pendant des siècles avez brillé d'un si vif éclat, demeurerez-vous toujours sans gloire et sans honneurs? Votre nom, proclamé par tant de bouches, célébré dans l'univers entier, chanté par tant de poètes, sera-t-il désormais mis en oubli? Vos monuments qui ceignaient comme d'une auréole l'oratoire de Marie, devront-ils toujours cacher sous la ronce et le lierre leurs pierres mutilées?

O sanctuaire célèbré entre tous les sanctuaires de Marie, n'aurez-vous plus vos jours de gloire et de splendeur? Les fidèles ne se presseront-ils plus dans votre enceinte, pour y offrir leurs vœux et leurs hommages? Ne montrerez-vous plus ces spectacles grandioses, ces fêtes solennelles qui émeuvent l'âme et laissent dans les cœurs d'impérissables souvenirs?

Grâces en soient rendues à Dieu! Ils sont finis les jours de deuil et d'abandon. Roc-Amadour reprend le noble rang qu'il a toujours occupé dans la France catholique. Le digne Prélat qui gouverne le diocèse, a fait de sa restauration son œuvre de prédilection. Des prêtres dévoués ont, sous son inspiration, élevé la voix pour rappeler sa grandeur passée, et les peuples se sont émus; ils sont accourus de toutes parts.

Ils sont venus en foule, les pieux enfants de Marie, applaudir à son triomphe, inaugurer une ère nouvelle de dévotion et de dévouement, lorsqu'une couronne d'or fut solennellement déposée sur sa statue miraculeuse. Ils lui firent alors une ovation immense dont le retentissement dure encore; et depuis, les pèlerins affluent comme autrefois dans son sanctuaire, et son autel est constamment entouré de chrétiens, qui viennent y chercher force et consolation.

De généreuses offrandes, confiées au zèle de MM. les Missionnaires, avaient aidé à faire les réparations les les plus urgentes. Plus tard le produit d'une loterie a permis d'entreprendre une restauration plus large et plus complète. Cette œuvre, qui se poursuit avec zèle et confiance, ne sera pas interrompue, parce que tous tiendront à y contribuer par leurs offrandes.

Les personnes religieuses ne voudront pas que le plus antique pèlerinage de la France soit menacé d'une ruine complète; elles auront à cœur d'effacer au plus tôt les traces qu'ont laissées sur ses murs l'hérésie et l'impiété.

Ceux qui aiment notre vieille patrie, ses gloires et ses antiques monuments, tiendront à honneur de conserver des sanctuaires qui occupent une si large place dans notre histoire.

Ceux-là mêmes qui seraient étrangers aux saintes pensées, aux sentiments religieux, s'intéresseront à Roc-Amadour pour son site pittoresque, pour le spectacle imposant qu'il présente aux regards.

DESCRIPTION

I

L'Hôpital

Roc-Amadour faisait partie de l'ancien Haut-Quercy. Il est situé au Nord du département du Lot, à proximité de la voie ferrée qui unit Toulouse à Paris par Montauban, Figeac, Brives, Limoges.

Le pélerin qui vient le visiter, cherche vainement à l'horison le gigantesque rocher sur lequel il est bâti. Il parcourt une plaine aride, brusquement accidentée, coupée par de profonds ravins. Le sol est hérissé de rochers, couvert de débris pierreux. Quelques terres arables se montrent çà et là comme des oasis; ce sont les conquêtes d'un travail opiniâtre sur une nature rebelle.

Le chemin aboutit à un hameau composé de quelques maisons, d'une petite église entourée d'un cimetière et d'un édifice en ruines. Son nom est l'Hôpital Saint-Jean.

C'était en effet un hôpital érigé par la charité pour le soulagement des pélerins.

Un pélerinage autrefois était essentiellement un acte de dévotion et de pénitence. C'était pour les personnes pieuses un moyen d'acquérir des mérites, d'attirer sur elles de nouvelles grâces, d'augmenter leur foi par des spectacles édifiants. Les pécheurs se l'imposaient ou l'acceptaient, comme une expiation salutaire. Il était exigé parfois d'ennemis vaincus, de rebelles réduits, en réparation de leurs fautes, en signe de soumission.

Le départ des pèlerins était consacré par des cérémonies religieuses. Ils ne se mettaient en route qu'après avoir reçu de la main d'un prêtre, qui les avait bénits sur l'autel, l'escarcelle et le bourdon, *peram et baculum peregrinationis.* Nos rois eux-mêmes, avant d'entreprendre un pèlerinage ou de partir pour les croisades, qui étaient le pèlerinage par excellence, se rendaient à Saint-Denys, afin de prendre congé du patron du royaume, *accepturi licentiam abeundi,* et de recevoir de la main d'un prélat l'escarcelle ou l'écharpe et le bourdon.

Le pèlerinage était le plus souvent accompli à pied, et ne comportait aucune des commodités d'un voyage d'agrément. Aussi plusieurs de ceux qui l'avaient courageusement entrepris, étaient trahis par leurs forces, et n'arrivaient au terme qu'extenués de fatigue. Là, un asile leur était généreusement offert; ils trouvaient dans l'hôpital un accueil cordial, un repos réparateur. Des mains charitables lavaient leurs pieds endoloris et quelquefois sanglants, et leur prodiguaient mille soins pour relever leur vigueur épuisée.

Il ne reste plus de l'hospice qu'un portail roman à triple arcature, qui se maintient isolé en face de l'église. Des salles qui abritaient les pèlerins, on ne voit plus que quelques pans de murs.

Sur le coteau opposé, pour les pèlerins qui arrivaient par une autre voie, s'élevait aussi un hospice, dédié à Saint Jacques; il n'en existe plus aucune trace.

A quelques pas au-dessous de l'hôpital, le chemin passe sous une porte en ruines qui faisait partie des anciennes fortifications. Dès qu'il l'a franchie, le voyageur étonné, saisi par l'émotion, s'arrête pour contempler le tableau grandiose qui se présente à lui. Roc-Amadour se montre tout-à-coup, et dans tout l'ensemble de ses sauvages beautés.

Sur une base de rochers que dissimule une luxuriante

végétation, se dresse fièrement l'église, entourée de son mur
d'enceinte et de ses chapelles. Son architecture robuste,
ses formes sévères s'allient merveilleusement au roc gigantesque qui la domine et s'avance pour l'abriter. Un antique
castel, avec ses défenses noircies par le temps, se détache
sur le ciel à une hauteur prodigieuse. Au pied de l'église
est groupé le village, et au-dessous, à une grande profondeur, serpente un ruisseau qui arrose une étroite vallée.
L'œil mesure avec effroi la distance qui sépare le hardi
rempart de la prairie verdoyante, et ne peut se rassasier de
l'imposant spectacle que lui présentent ces masses de rochers aux formes étranges, aux teintes variées, ces édifices
étagés aux vastes proportions qui semblent liés au roc par
une mystérieuse harmonie, cette riante vallée qui fuit silen-
cieuse entre les hautes murailles qui l'enserrent.

II

Le Village

En descendant à Roc-Amadour, le voyageur rencontrait à moitié-côte une autre porte fortifiée qui a entièrement disparu. Il en trouve, à l'entrée du village, une troisième qui était liée au mur d'enceinte. Il passe sous la quatrième avant d'atteindre le pied de l'escalier. L'autre côté du village, au de-là de l'escalier, était encore défendu par quatre portes dont deux subsistent encore. Ces restes de fortifications prouvent l'importance de Roc-Amadour, qui était une des dix-huit villes basses du Quercy, et qui était représenté par son abbé dans les états de la province.

Le sac des Huguenots porta un coup mortel à sa prospérité. Le délaissement du pélerinage après ce désastre, et surtout pendant la Révolution, priva ses habitants des ressources que lui apportaient ses nombreux visiteurs. Les familles riches l'abandonnèrent; et cette ville si vivante et si animée ne fut plus qu'un pauvre village à moitié désert et incapable de relever ses ruines.

Depuis quelques années Roc-Amadour reprend une nouvelle vie. Des maisons ont été rebâties, des hôtels se sont élevés, mais au détriment de l'art et de l'archéologie. Les nouvelles maisons aux façades plates, aux ouvertures monotones, font vivement regretter les anciennes habitations aux formes variées, à l'ornementation capricieuse.

A peine retrouve-t-on ça et là quelques fenêtres romanes à
deux ou trois baies séparées par des colonnettes, quelques
arcatures du XIII° siècle ouvrant largement les rez-de-
chaussée des maisons, quelques portes à fines moulures se
couronnant en accolade.

Une seule maison s'est conservée intacte, et appelle l'attention par sa masse imposante. C'est un édifice du XVI°
siècle, au style sévère et sobre d'ornements. Sa porte à arc
surbaissé, flanquée de deux larges ouvertures ogivales, ses
larges fenêtres en croix, les trois frontons en mansarde qui
la couronnent, lui donnent un caractère de noble fierté.
La distribution intérieure est le type des habitations sei-
gneuriales de l'époque. Dans une tour centrale est logé un
escalier en pierre, donnant entrée aux appartements qui
l'entourent. La tour est terminée par une coupole, où l'on
parvient par un petit escalier à vis jeté en encorbellement
sur un de ses flancs.

Cette maison appartient à Monseigneur l'Evêque, qui
saura bien, en la préservant de toute dégradation, lui trouver une destination utile et pieuse.

La portion de rue sur laquelle elle prend jour, et qui
s'étend de la quatrième à la cinquième porte, est désignée
dans les anciens actes sous le nom de rue de la Couronnerie.
Ce nom lui a été donné et lui est conservé en souvenir du
couronnement de Henry au Court-Mantel, qui s'y fit proclamer souverain d'Aquitaine.

Un vaste château s'ouvrait sur cette rue, à la naissance
de l'escalier. Il fut pendant quelques jours habité par Henry
au Court-Mantel; il reçut probablement les royaux visiteurs
de Roc-Amadour. Cet édifice dont les vieillards vantent les
hardies proportions, a été vendu, après la Révolution, pour
être démoli. Il n'en reste plus que des ruines dissimulées
par de modernes habitations, une porte ogivale s'ouvrant
sur le vallon, une salle voûtée qui porte le nom de chapelle.

Nous voici au pied de l'antique escalier qui conduit à
l'oratoire de Marie par 216 marches. Après avoir encore
élevé nos regards sur l'immense rocher qui se dresse me-
naçant sur nos têtes, sur les édifices sacrés qui étonnent

par leur masse et par leur position effrayante, recueillons-nous un instant.

La voie où nous entrons a été suivie par des milliers de pèlerins. Ils sont venus de toutes les parties du monde, et ils ont gravi ces escaliers avec piété, avec un saint respect. Le plus grand nombre n'a voulu les monter qu'à genoux; sur chacune des marches ils ont répété les louanges de Marie, en récitant l'Ave Maria. Ils ont tenu à honneur de rendre à la Reine du ciel cet humble et solennel hommage. Depuis des siècles, rois, princes, évêques se sont, comme les simples fidèles, conformés à ce pieux usage.

Resterions-nous froids au souvenir de si nobles exemples, à la vue d'un si manifeste dévouement ? Foulerions-nous sans émotion ces dalles qui portent l'empreinte d'une dévotion si touchante ? Ah ! plutôt repoussons l'amour-propre qui nous retient; triomphons du respect humain qui nous enchaîne, et mêlons-nous aux enfants de Marie, qui proclament si hautement leur confiance filiale.

Qu'il est beau, à l'époque des grands concours de fidèles, au mois de mai, aux solennités de septembre, cet immense escalier couvert d'une multitude en prières, qui le gravit le rosaire à la main ! Celui qui, du haut des rochers, contemple cet édifiant spectacle, ne peut se défendre d'une sainte émotion; et des larmes s'échappent de ses yeux, lorsque tant de voix suppliantes, en s'élevant vers le ciel comme un harmonieux concert, viennent en passant frapper ses oreilles.

III

Enceinte sacrée

Le premier plan de cet escalier se compose de 140 marches; il aboutit à une plate-forme, malheureusement encombrée de maisons. Là commence l'enceinte sacrée. On y pénètre par un large portail ogival, qui appartient, comme l'église principale, à l'époque de transition. Il s'ouvre dans un mur épais, surmonté d'un chemin de ronde voûté et percé de meurtrières. Son approche était autrefois défendue par une échauguette et des créneaux; sa tête découronnée se cache maintenant sous des ronces et des arbustes parasites.

Au portail commence un nouvel escalier de 76 marches. Il s'élève entre des édifices ruinés, qui portent encore les traces de la dévastation et de l'incendie.

Nous sommes enfin arrivés au pied des sanctuaires. Devant nous s'ouvre le portail de l'église Saint-Sauveur; au-dessous est l'église souterraine de Saint-Amadour; à droite, s'appuyant sur l'église, s'élève la chapelle Saint Joachim et Sainte Anne, récemment reconstruite; sur la même ligne la chapelle Saint Blaise, et de Saint Jean l'Evangéliste; la chapelle Saint Jean-Baptiste forme retour et se lie à la chapelle Saint Blaise.

A gauche se montre, comme une tourelle, l'abside de la chapelle Saint Michel; puis la chapelle miraculeuse, le sanctuaire privilégié de Marie, autour duquel les autres sanctuaires semblent se presser pour lui former une couronne. Hâtons-nous de franchir les 25 degrés qui nous séparent de cet oratoire, pour aller nous prosterner au pied de son autel et lui offrir nos pieux hommages.

Plateau et Chapelle Saint-Michel

IV

Plateau et Chapelle Saint-Michel

Devant la chapelle de Marie règne un petit plateau, qui portait autrefois le nom de place Saint-Michel. Il est entièrement abrité par les énormes bancs de roc qui s'élèvent en surplomb à une hauteur de 72 mètres. C'était là que se passaient autrefois les actes publics qui intéressaient l'abbaye; car la plupart des anciennes pièces notariées portent que les parties intéressées ont comparu *in plateâ S. Michaëlis*.

Une première porte s'ouvre à gauche, et donne entrée dans une salle relativement moderne, qui n'offre rien de remarquable. C'était un lieu de réunion pour les prêtres attachés au service de l'église collégiale. Elle portait le nom de Chauffoir des chanoines.

Auprès de la porte, on remarque un antique coffre bardé de fer sur le devant, et fermé par de fortes et remarquables serrures. C'est là que jadis les pélerins déposaient leurs offrandes.

Au-dessus, une lourde chaîne scellée dans le mur tient suspendue une masse de fer en forme d'épée; elle porte le nom d'Epée de Roland. Ce n'est plus, sans aucun doute, la fameuse Durandal, si célèbre dans les romans de chevalerie, mais une grossière et informe image de cette arme, si riche et si précieuse, que *li Romans de Roncisvals* appelle *Durendard al point d'or et d'argent*, à la poignée d'or et

3

d'argent. La véritable épée aura été enlevée par Henry au Court-Mantel, qui pilla Roc-Amadour en 1183, pour solder l'armée qui le soutenait dans sa révolte contre son père. C'est sans doute en souvenir d'un *ex-voto* aussi glorieux, qu'on lui substitua bientôt après cette infidèle copie.

Roland, traversant la France pour rejoindre son oncle Charlemagne qui guerroyait en Espagne, vint à Roc-Amadour rendre hommage à Notre-Dame. Il lui offrit ce qu'il avait de plus précieux, sa glorieuse Durandal; mais comme il ne pouvait se priver de son secours dans la guerre sainte qu'il allait entreprendre, il racheta aussitôt cette arme et la paya son poids d'argent.

Il était bien grand son dévouement à la Mère de Dieu, pour lui inspirer un tel sacrifice; car il aimait son épée avec passion. Il y tenait plus qu'à son sang qu'il prodiguait sur les champs de bataille, plus qu'à sa vie qu'il exposait en souriant. La chronique de Turpin, en nous redisant ses derniers adieux à cette fidèle compagne, nous donnera la mesure de son attachement.

Charlemagne avait franchi les Pyrénées; Roland qui tenait l'arrière-garde avec les douzes pairs et les plus vaillants chevaliers, campait encore dans les montagnes. Les Gascons, instruits par le traître Ganélon, le surprennent et l'entourent de toutes parts. En vain Roland et les chevaliers font des prodiges de valeur; ils succombent sous le nombre toujours croissant de leur ennemis.

« Lors demeura tout seul Roland parmi le champ de
« bataille, las et travaillé des grands coups qu'il avait
« donnés et reçus, et dolent de la mort de tant de nobles
« barons qu'il voyait devant lui occis et détranchés. Menant
« grande douleur, il vint parmi les bois, jusqu'au pied de
« la montagne du Césaire, et descendit de son cheval des-
« sous un arbre, auprès d'un grand perron de marbre qui
« était là dressé en un moult beau pré, au-dessus du val
« de Roncevaux. Il tenait encore Durandal, son épée. Cette
« épée était éprouvée sur toutes autres, claire et resplendis-
« sante et de belle façon, tranchante et affilée si fort, qu'elle

« ne pouvait ni casser ni briser. Quand il l'eut longtemps
« tenue et regardée, il la commença à regretter comme en
« pleurant et dit en telle manière : O épée très-belle, claire et
« resplendissante, qu'il n'est pas besoin de fourbir comme
« toute autre, de belle grandeur et large à l'avenant, forte
« et ferme, blanche comme ivoire par la poignée, entresi-
« gnée de croix d'or, sacrée et bénie par les lettres du
« saint nom de Notre-Seigneur Jésus-Christ et environnée de
« sa force, qui usera désormais de ta bonté? Qui t'aura? Qui
« te portera?... Autant de fois j'ai par toi occis ou Sarrasins
« ou déloyaux Juifs, autant de fois pensai-je avoir vengé le
« sang de Jésus-Christ. J'ai trop grand deuil, si mauvais
« chevalier paresseux t'a après moi; j'ai trop grande dou-
« leur, si Sarrasin ou autre mécréant te tient et te manie
« après ma mort. Quand il eut ainsi son épée regretté, il
« la leva en haut et en frappa trois merveilleux coups au
« perron de marbre qui était devant lui; car il la pensait
« briser, parce qu'il avait peur qu'elle ne vint aux mains des
« Sarrasins. Que vous conterait-on de plus? Le perron fut
« coupé d'en haut jusqu'en terre, et l'épée demeura saine
« et sans nulle brisure; et quand il vit qu'il ne la pouvait
« dépecer en aucune manière, il fut trop dolent. » Alors il
aperçut un gouffre profond; à grand'peine put-il s'y traîner,
et après s'être assuré que personne ne pouvait le voir, il y
jeta son épée. Puis sentant la mort s'approcher, il s'adossa
à un arbre, et là, le visage tourné vers l'Espagne,

De maintes choses à pourpenser se prist,
De tantes terres comment il a conquis,
De douce France, de ceuls de son païs.

. . . .
Jointes ses mains, l'a la mort entrepris.
Saint Gabriel et bien des autres dis (anges)
L'âme de lui portent en paradis.

Charlemagne, averti trop tard par le cor de Roland, arriva
à la hâte; mais il ne trouva plus sur le champ de bataille
que les cadavres de ses douze pairs et de leurs valeureux

compagnons. Il ne put que venger leur défaite, et pleurer sur une infâme trahison qui le privait de si braves guerriers.

Le corps de Roland fut embaumé dans le vin et les plantes aromatiques, et transporté à Blaye, où il fut inhumé. Son cor d'oliphant ou trompe d'ivoire reposait à ses pieds; son épée fut suspendue sur sa tête. Son cor fut plus tard transféré à l'église collégiale de Saint-Seurin, à Bordeaux, et son épée à Roc-Amadour (1). Le preux paladin l'avait donnée à Notre-Dame; ses nobles compagnons vinrent la restituer.

Auprès de l'épée de Roland sont suspendues quelques entraves de prisonniers, *compedes*. C'est un reste bien précieux, mais bien réduit, de ces innombrables *ex-voto* rapportés de toutes parts à la Consolatrice des affligés par des captifs reconnaissants. Chacun de ces instruments de torture avait son histoire, et les pèlerins en les contemplant aimaient à redire les miracles de grâce dont ils étaient le témoignage. La plupart des fers ont disparu, leurs merveilleuses légendes ont été oubliées. A peine en retrouvons-nous quelques-unes dans l'ouvrage inédit de Hugo Farsitus; nous les traduirons pour édifier les pèlerins de nos jours, et pour perpétuer le souvenir des bienfaits de la Mère de miséricorde.

Un Lombard fut accusé d'un grand crime auprès de son maître, et condamné au supplice du feu. Innocente victime d'une injustice, il éleva ses prières vers le Seigneur et invoqua en ces termes la Mère de pitié : « O ma Maîtresse, si je suis reconnu coupable de ce crime affreux, que ma prière soit repoussée avec mépris; que le feu exerce sur moi sa puissance et ne m'épargne pas. » On dressa un bûcher, un bûcher immense, et cet homme innocent fut jeté au milieu; il invoquait de cœur Notre-Dame de Roc-Amadour; il prononçait son nom de bouche; il assurait à haute voix qu'elle viendrait à son se-

(1) DUPLEX, *Histoire de France*, t. II.

cours; et l'événement prouva qu'il avait mérité d'être
exaucé. La flamme s'élevait très-haut et formait un large
foyer; mais elle ne le blessa point, elle ne le toucha
même pas; et quoiqu'elle l'enveloppât de toutes parts,
elle ne lui fit éprouver aucune chaleur. Voyant que le feu
ne le dévorait pas, qu'il n'avait pas même consumé un
cheveu de sa tête, ceux qui avaient conjuré sa perte le
firent jeter en prison. Ils lui mirent les fers aux pieds,
le chargèrent de chaînes, et après avoir fermé sur lui
les portes à verrou, ils y établirent des gardes. Cette
nuit même, comme dans l'obscurité de sa prison il invoquait sa miséricordieuse Maîtresse qui l'avait délivré
du bûcher, il éprouva un nouvel effet de sa protection.
Environnée d'une éclatante lumière, elle vint à lui au milieu de nombreux groupes de vierges, et la prison fut
remplie d'une merveilleuse odeur. Elle le délivra de ses
chaînes, et lui ordonna de sortir librement. Les gardiens
le voyaient s'en aller emportant ses fers; et comme des
chiens qui n'ont pas le courage d'aboyer, ils restèrent
muets et saisis d'effroi. Après avoir franchi une première
et une deuxième porte, il vint à la troisième, qui s'ouvrit
d'elle-même, comme les premières. Aucun des gardiens,
quoiqu'ils fussent nombreux et éveillés, ne mit la main
sur lui; et passant au milieu d'eux, comme s'ils n'eussent
pas été ses ennemis, il prit le chemin de Roc-Amadour,
apportant la lourde masse de fers qu'on y montre aujourd'hui; il vint à l'église et y rendit grâces.

Boson de Linge avait fait prisonnier, dans les Cévennes,
Richard Viste. Il l'enferma dans une prison et lui mit
les fers aux pieds. Richard avait toujours au cœur,
toujours à la bouche le saint nom de la glorieuse Vierge mère de Dieu. Il la priait avec instances d'obtenir
qu'il fut délié et délivré de sa prison. Ses vœux n'étaient
pas exaucés, mais sa dévotion allait toujours croissant
et sa foi redoublait. Le huitième jour il fut délivré, et
il sortit emportant ses fers. Il vint aussitôt à l'église

de Roc-Amadour remercier sa Libératrice, et il rendit
témoignage du miracle.

Guillaume Rémond, natif d'Alby, était retenu en prison à Montpellier. Il espérait recouvrer la liberté par
les mérites de la glorieuse Vierge de Roc-Amadour, en
laquelle il avait mis le seul espoir de sa délivrance, parce
qu'il n'était pas en son pouvoir de donner ce qu'on exi-
geait de lui. Au milieu de la nuit, vers la neuvième
heure, pendant qu'il veillait et qu'il s'offrait comme un
holocauste en odeur de suavité au Seigneur et à sa glorieuse
Mère, et qu'il persistait avec ferveur dans la prière, voilà,
chose merveilleuse à dire, que sous les yeux de ses gardiens
saisis d'étonnement, ses chaînes se rompent et tombent à
terre. Il les reprend sans qu'on s'y oppose; il sort sans obstacle de la maison et traverse Montpellier paisiblement,
quoiqu'il rencontre plusieurs personnes sur son passage.
Il se rendit de là, portant ses fers, à l'Eglise de celle dont il
avait éprouvé la protection, et il raconta le miracle que la
Mère de Dieu avait opéré avec la coopération de celui qui
vit et règne avec le Père et le Saint-Esprit. Ainsi-soit-il.

Guillaume Fulcheri, de Montpellier, fait prisonnier par
les Sarrasins avec seize compagnons, fut retenu dans les
fers à Mayorque pendant huit mois et plus. Il travaillait
tous les jours et sans relâche; et quoiqu'il fût affaibli par
l'insuffisance de la nourriture, celui qui présidait aux ouvrages, ne lui permettant aucune trêve, l'obligeait à un
travail forcé en le pressant et le harcelant sans cesse.
Cependant le temps, dans son cours, avait ramené la veille
de l'Assomption de cette Vierge sans pareille qui a produit
le Sauveur, comme un astre produit sa clarté; et la mère
du jeune homme était venue à Roc-Amadour, apportant la
livre de cire qu'elle offrait chaque année pour son fils. Tout
en larmes, poussant des sanglots, elle réclamait les prières
de tous les pélerins pour son cher captif. Or il arriva que le

même jour, précisément à l'heure où la mère se lamentait
auprès de nous, le fils, comme il nous l'a rapporté lui-même, épuisé par le travail et par la prière qu'il offrait souvent à Dieu dans le fond de son cœur, déposa un instant
son fardeau et se laissa aller au sommeil. A son réveil, il
vit avec étonnement que ses chaînes, qui étaient très-for-
tes, avaient été rompues, et il eut la joie de se sentir délié
et libre. Craignant d'être surpris, jetant çà et là ses regards,
il se dirige à petits pas vers le rivage de la mer. Or des
Tarragonais naviguaient en ce moment dans ces parages; il
reconnaît les étendards des Chrétiens, il pousse des cris
vers eux; il conjure ces Chrétiens, pour l'amour du Christ,
de conduire un Chrétien dans un port sûr. Touchés de
compassion, ils l'emmènent, et, au bout d'un jour et
demi, ils le déposent à Tortose. Chose admirable! Voilà
comment la récompense des bonnes actions est donnée
dès cette vie, et n'est pas toujours différée jusqu'à l'autre.
Aucun nautonnier, pour si propice que fût le vent, n'a jamais pu atteindre ce port avant trois jours de navigation.
Pour le jeune homme, sans se détourner de la route pour
embrasser sa mère et ses amis, il vint directement à l'église
de Roc-Amadour offrir une autre livre de cire. Il raconta
le miracle en rendant grâces à Notre-Dame sa libératrice,
qui sauve tous ceux qui espèrent en elle, par la puissance
de son fils le Sauveur des hommes, lequel vit et règne
dans les siècles des siècles. Ainsi soit-il.

Le prince de Massiac, ville d'Auvergne, ayant pris
d'assaut et livré au feu la ville de Rochefort (Puy-de-
Dôme), fit passer au fil de l'épée beaucoup de ses habitants, en chargea un grand nombre de chaînes et les
retint en prison. De ce nombre fut un certain Pierre,
surnommé le Bègue, que les soldats tourmentèrent cruel-
lement, sans pouvoir obtenir ce qu'ils s'efforçaient de
lui extorquer. Le corps brisé, le cœur humilié, il mettait
son espoir, d'abord en la miséricorde de Dieu, puis
en la bienfaisante Vierge, qui fait éclater sa puissance

plus souvent et plus spécialement au lieu de Roc-
Amadour Le temps ramenait la solennité de l'Annonciation, jour de joie générale, où il demandait avec de
vives instances d'être rendu à la liberté. La nuit même
de la fête, pendant qu'après sa prière il donnait quelque
repos à ses membres fatigués, il eut une vision. La
Reine des anges lui apparut et lui ordonna de sortir
au plus tôt. A la voix de sa Libératrice, il ouvrit les
yeux et la vit qui s'éloignait. Cependant il se sentait
encore retenu par ses chaînes et il hésita un moment;
mais prenant plus de confiance, il sortit par la porte,
qui était toujours soigneusement fermée, et se précipita
à terre. C'est ainsi que, sain et sauf et plein de joie,
il s'en retourna chez lui, glorifiant la Vierge des vierges
qui, par le Sauveur des hommes, son fils unique Notre-
Seigneur, opère sur la terre des œuvres de salut, et obtient
à chacun des faveurs, selon l'intensité de sa foi et de ses
désirs.

Dans la contrée de Vienne se trouvait une place forte,
appelée Amon, qui était assaillie par les barons du comte
Géraud. Un homme d'armes nommé Pierre, qui y avait
son habitation, résista de toutes ses forces aux ennemis,
fut fait prisonnier, chargé de fers et enfermé dans le palais
de Vienne, sous une forte garde. Il était plein de confiance
dans le Seigneur, qui console les affligés et porte remède
à leurs maux. Il demandait avec ardeur d'être délivré de
ses chaines et rendu à la liberté, en dépit de tant de portes
et de verrous. Or le palais qui lui servait de prison, était
tellement élevé, tellement fortifié qu'il passait pour impre-
nable. Quoiqu'il existât depuis bien longtemps, ses cachots
n'avaient pas été vides un seul jour, et jamais prisonnier
n'était parvenu à s'en échapper, ni par la ruse, ni par la
force. Néanmoins, plus le palais était élevé et fort, plus
le captif insistait pour que le Sauveur des hommes, Notre-
Seigneur, le délivrât et le ramenât dans ses foyers. Il invoquait tous les saints, mais surtout Celle qui, après son
divin Fils, tient la première place dans la cour céleste, la
Mère de miséricorde, toujours prête à exaucer ceux qui

réclament son secours, Notre-Dame, notre avocate de
Roc-Amadour; et il faisait vœu d'aller en pélerin visiter
son église. Épuisé par la prière, accablé d'ennui, il
chercha un peu de repos dans le sommeil; et il entendit
une voix qui lui disait qu'il pouvait sortir, s'il se hâtait...
Il se leva aussitôt dans le silence de la nuit; et comme il
redoutait les soldats de garde, il gagna à petits pas la première porte, qui s'ouvrit d'elle-même. Il franchit de la
même manière et la seconde et la troisième et la quatrième; il parvint à la cinquième, qui était la dernière de
ce côté, et il l'ouvrit sans difficulté. Il se trouvait alors en
un lieu élevé; une chute eût été fatale, et il n'avait ni
échelle, ni corde, ni aucun autre moyen de s'aider dans la
descente. Le mur, bâti avec grand soin, était lisse et
poli. Chaque instant de retard rendait le danger de plus en
plus imminent. Il recommanda donc son âme et son
corps à la Sainte Vierge, et il se laissa glisser peu à peu
le long du mur, sans éprouver aucun mal. Il ouvrit
d'un tour de main les serrures et les verrous de la première enceinte, comme si la porte n'eût point été fermée.
Après avoir traversé la ville, il trouva une issue dans la
dernière porte; puis avec ses mains encore, sans autre
secours que celui de la Sainte Vierge, il rompit ses lourdes chaînes, et descendant dans la campagne, les pieds
encore serrés dans des entraves, il rejoignit ses compagnons. Retenu par les caresses de ses amis qui lui
promettaient de l'accompagner dans son pélerinage, et
de venir avec lui rendre grâces à la bonne Vierge, il mit
trop de retard à l'accomplissement de son vœu.

Cependant les mauvaises passions ne s'étaient point
apaisées, et la guerre se continuait avec une nouvelle
fureur. Des troupes du comte de Vienne s'étant pré-
sentées devant la place, forcèrent la garnison à faire
une sortie. Au premier rang des guerriers du comte, se
trouvait ce même Pierre, ainsi que son frère Rogon. Mais
ne pouvant résister aux forces des ennemis, ces deux com-
battants furent pris et emmenés au palais. On prévint
Pierre qu'il ne goûterait aucune nourriture avant qu'il

4

eût fait rapporter les fers, qu'il avait, disait-on', fraudu-
leusement enlevés. Ces fers furent rendus ; et pendant
qu'on les rivait sur ses membres, il dit : Notre-Dame de
Roc-Amadour, dont la bonté n'a point d'égale, qui m'a
naguère délivré de ces chaînes par son merveilleux pouvoir, usaura bien renouveler ce miracle en ma faveur.
Enfermié dans un profond cachot, il mortifiait son corps
par le jeûne, fortifiait sa foi par la prière et ne se reposait
que dans le sein du Seigneur. Son frère Rogon avait
reçu quatre coups de lance, trois traits et une blessure
au pied ; il était gravement malade, et à cause de son
état, il était resté couché à demi mort, auprès des gardes.
Lui aussi, il était plein de ferveur ; son âme, loin de
chanceler dans le doute, se tenait ferme dans l'espérance,
quoique son corps fût épuisé de sang et dans une grande
langueur. Plus ses forces physiques l'abandonnaient,
plus il demandait avec ardeur le secours de Dieu et une
œuvre de sa miséricorde. Les deux frères furent exaucés :
ils trouvèrent grâce devant leurs gardiens ; le dimanche
ceux-ci tirèrent Pierre de son cachot, pour le réconforter,
et l'établirent auprès de son frère sur la plate-forme. Les
deux captifs passèrent toute la journée en prières ; ils invoquèrent avec ferveur la bienheureuse Vierge, qui est la
source de toutes les grâces et qui les répand abondamment
sur ses dévots serviteurs ; et ils pressentirent que sa bonté
préparait leur délivrance. Ils se dirent l'un à l'autre que
la nuit suivante, pendant que les gardiens dormiraient,
ils sortiraient de leur prison par le secours de Celle qui
opère les miracles. Et c'est ce qui arriva. Tandis que les
gardes étaient plongés dans un profond sommeil, ils se
levèrent en silence, ils ouvrirent la porte sans faire un
trop grand bruit, et ils se laissèrent aller, par une corde,
du haut de la plate-forme jusqu'à terre ; l'un d'eux sortit
de la ville par une porte que lui ouvrirent des gardiens
touchés de compassion. L'autre fut recueilli par un habitant qui le cacha dans sa maison. Trois jours après,
lorsque toutes les recherches eurent cessé, cet habitant
le fit changer d'habits et l'accompagna hors de la ville,

jusqu'à une lieue de distance, tandis que les fers étaient
encore attachés à un des pieds du captif. Celui-ci pressa
son bienfaiteur de rentrer en paix chez lui. Les deux
frères s'empressèrent d'accomplir leur vœu; ils visitèrent
l'église de Roc-Amadour, y apportèrent leurs fers, mon-
trèrent leurs blessures encore ouvertes, racontèrent le
miracle et rendirent grâces à la Mère de Dieu.

A ces traits édifiants recueillis par le pieux chanoine de
Laon vers le milieu du XII° siècle, nous pourrions ajouter
bien des légendes intéressantes, si les vieilles traditions
avaient été conservées, si les relations authentiques conte-
nues dans les annales des religieux qui desservaient le pélerinage, étaient parvenues jusqu'à nous. Ce serait un
ensemble de merveilleux récits qui nous redirait la touchante confiance de nos aïeux en Marie et l'inépuisable
bonté de cette Mère de miséricorde, toujours propice aux
prières de ses enfants, toujours prête à se rendre à leur
appel.

Auprès de l'épée de Roland, et des fers dont nous venons
de raconter l'origine, on remarque sur le mur la trace
d'un arceau maintenant bouché; c'était probablement l'ouverture d'une chapelle. Quelques appartements ont été
ménagés dans l'espace qu'elle occupait; on y a aussi
réservé un passage pour parvenir à la *maison à Marie*,
bâtie sur l'emplacement de l'ancien ermitage. Nous parle-
rons de cette maison, où les pélerins qui veulent passer à
Roc-Amadour quelques jours de retraite, trouvent des cellules commodes et silencieuses.

Au-dessus de l'arceau bouché est placée la chapelle
Saint-Michel. Le roc auquel elle est adossée, lui sert de
mur, de voûte et de toiture. Son abside, construite sur un
cul-de-lampe à vigoureuses moulures, saillit en forme de
tourelle. Elle est couronnée par une corniche en quart de
rond renversé, qui repose sur des corbeaux à figure hu-
maine, remarquables par la finesse de leur travail et par
leur beau caractère. Une triple arcature dont les retombées
sont supportées par des têtes saillantes, décore le sommet
de l'édifice, qui va se perdre dans le rocher.

Cette petite chapelle romane est le plus ancien des édifices qui subsistent encore à Roc-Amadour; elle est intéressante par la pureté de son style, l'originalité de sa construction et par sa position singulière.

Quoique bien exiguë dans ses proportions, elle tenait le premier rang parmi les sanctuaires secondaires, et elle figurait seule, après la chapelle miraculeuse et l'église Saint-Sauveur, dans le rôle des contributions annuelles ou extraordinaires qui se payaient en cour de Rome.

On y parvient par un étroit escalier à moitié taillé dans le vif. Les marches ont été usées par les pieds des innombrables visiteurs; et au frottement de leurs mains, les moëllons bruts dont les murs sont formés, ont pris un brillant poli. Son intérieur offre un aspect saisissant; l'art et la nature se sont heureusement unis pour lui donner un cachet tout particulier. D'un côté, c'est le rocher dans sa rudesse naturelle, s'élevant par ressauts pour l'abriter; quelques bouquets de pariétaires, s'échappant de ses fissures, en voilent seuls la sombre nudité. De l'autre, ce sont des arcatures sévères aux fines colonnettes, aux chapiteaux évasés, qui encadrent d'étroites baies. L'abside en cul-de-four est décorée de peintures aux couleurs voyantes, qui datent du XIIe siècle. Au milieu est peint le Christ bénissant, assis sur son trône. L'Alpha et l'Oméga, inscrits sur l'auréole qui l'entoure, rappellent qu'il est le commencement et la fin de toutes choses. Autour de lui sont groupés les évangélistes écrivant sur des pupitres ses divins enseignements. En avant sont placés : d'un côté, un séraphin à six ailes; de l'autre, l'archange auquel la chapelle est dédiée.

Une corniche qui court au-dessus de l'arcature, soutenait autrefois un plancher. L'étage supérieur, auquel on arrivait par un petit escalier à vis, ménagé dans l'épaisseur du mur, portait le nom d'archives. Etait-ce réellement dans ces placards, qui se voient encore béants, qu'étaient conservés ces cartulaires tant regrettés, ces procès-verbaux des prodiges opérés par l'intercession de Notre-Dame de Roc-Amadour, ces titres de fondation qui étaient la gloire de Roc-Amadour et l'honneur des familles, ces actes de

Vue intérieure de la Chapelle Saint-Michel

donations faits en témoignage de dévotion et de reconnaissance ? De tant de pièces si précieuses, il ne reste plus
rien. L'incendie a tout dévoré, la révolution a tout dis-
persé.

Au sommet de la chapelle se voit une porte s'ouvrant
dans le vide. Elle donnait accès à une galerie extérieure
construite en charpente, dont quelques poutres isolées sont
restées fixées dans les murs. A quel usage était destinée
cette galerie si élevée ? Etait-ce de ce lieu éminent qu'on
donnait, à l'époque des grands pardons, la bénédiction
solennelle aux innombrables pèlerins qui accouraient de
toutes parts et que l'enceinte de l'église ne pouvait conte-
nir ? Je l'ignore.

Entre la chapelle Saint-Michel et la chapelle miraculeuse,
le roc entaillé offre une petite cellule. Ce fut-là, dit-on, la
retraite de Saint-Amadour durant sa vie; ce fut du moins,
après sa mort, le lieu de sa sépulture. Le saint ermite qui
s'était voué à Notre-Dame, qui avait consacré sa vie à
propager le culte de la Mère de Dieu, ne voulut pas être
séparé d'elle par la mort. Des mains amies déposèrent
ses restes dans le tombeau de son choix auprès de l'oratoire qu'il avait élevé à son auguste patronne.

Il y reposa en paix depuis l'an 70, époque de sa mort,
jusqu'en 1166. « A cette époque, » dit Robert-du-Mont (1),
« un habitant du pays se trouvant à l'extrémité, ordonna à
« sa famille, peut-être par inspiration divine, d'ensevelir
« sa dépouille mortelle à l'entrée de l'oratoire. A peine eut-
« on creusé la terre, que le corps du bienheureux Ama-
« dour fut retrouvé dans son intégrité, et c'est dans la
« même intégrité qu'il fut placé à l'église, près de l'autel,
« et offert à la dévotion des pèlerins. Alors il se fit dans
« ce lieu des miracles si nombreux et si inouïs, par la
« puissance de la Très-Sainte Vierge, que le roi Henri II
« d'Angleterre, qui se trouvait à Castelnau de Bretenous,
« vint lui-même pour y satisfaire sa dévotion. »

(1) Robertus de Monte, *ad annum* 1180.

Le corps de Saint Amadour fut plus tard déposé dans
l'église souterraine qui a été dédiée en son honneur et
qui porte son nom.

Les murs des édifices qui entourent le plateau Saint-
Michel, ont été couverts de peintures. Quelques-unes
sont fort anciennes et méritent l'attention.

A coté de l'épée de Roland se dresse une figure gigantesque, dont il ne reste plus que la moitié. C'est l'image
de Saint Christophe, portant sur ses épaules l'enfant Jésus, *Christum ferens*.

Le culte de Saint Christophe, répandu dès les premiers
siècles en Orient, devint au moyen-age éminemment populaire en Occident. Le nombre des églises qui lui furent
dédiées, est immense. Son image, partout vénérée, était
plus volontiers reproduite dans les porches des églises.
Au premier pilier de la grande nef de quelques cathédra-
les, notamment à Auxerre et à Paris, était adossée une
représentation colossale de ce saint.

Sa légende merveilleuse charmait nos aïeux, parce
qu'elle leur rappelait le triomphe de la religion sur la
force brutale. Ils voyaient avec plaisir une nature indomptée
s'assouplissant peu à peu au contact du christianisme; la
puissance orgueilleuse s'humiliant par la foi et se mettant,
sous l'inspiration de la charité, au service des faibles.

Si l'on en croit la légende dorée, Christophe était un
homme d'une haute stature et d'une force surhumaine.
Encore païen, il voulut s'attacher au plus puissant monarque de la terre; et longtemps il chercha, pour lui offrir ses
services, quelqu'un dont la puissance n'eut point de rivale.
Il s'arrêta quelque temps à la cour d'un roi dont la renommée l'avait attiré; mais un jour ce roi confessa devant lui
qu'il craignait le démon, et Christophe le quitta. Il sut que
le démon lui-même redoutait la puissance de Jésus-Christ,
et c'est Jésus-Christ qui fut dès-lors l'objet de ses recherches; car il ne le connaissait pas encore.

Un ermite auquel il s'adressa satisfit son désir, et l'ins-
truisit avec soin dans la foi chrétienne. Christophe, désormais fixé, se dévoua au service de Jésus-Christ. Mais ne

pouvant se plier aux exigences de la vie cénobitique, au
jeûne, à l'abstinence, à l'oraison prolongée, le néophite
demanda qu'il lui fût assigné un genre de vie plus en rap-
port avec sa force et son énergie. « L'ermite lui dit (suivant
la légende) « Ne connais-tu pas tel fleuve, où périssent
« beaucoup de ceux qui essayent de le passer? et Chris-
« tophe dit : Je le connais. Et l'ermite lui dit : Comme tu
« es grand de taille et robuste, si tu te tenais près du
« bord de ce fleuve, et si tu passais les voyageurs, tu
« ferais une chose fort agréable à Jésus-Christ, que tu
« désires servir, et j'espère qu'il se manifesterait à toi. Et
« Christophe lui répondit : Voilà un service auquel je puis
« me consacrer, et je te promets de faire ce que tu me dis
« là. Il alla donc près de ce fleuve, et il s'y construisit une
« demeure, et il se mit à passer sans relâche tous les voya-
« geurs, s'étant muni d'un bâton avec lequel il se soutenait
« dans l'eau. Et bien des jours s'étant passés, comme il se
« reposait dans sa demeure, il entendit comme la voix
« d'un enfant qui l'appelait et qui disait : Christophe, sors
« et passe-moi. Et Christophe sortit, mais il ne trouva per-
« sonne ; et, rentré dans sa demeure, il lui arriva la
« même chose une seconde fois. Appelé une troisième
« fois, il trouva au bord de l'eau un enfant, qui le pria de
« lui faire passer la rivière. Et Christophe, ayant mis l'en-
« fant sur ses épaules et s'étant muni d'un bâton, entra
« dans l'eau. Et l'eau s'élevait peu à peu, et l'enfant pesait
« sur les épaules de Christophe d'une manière excessive,
« et son poids augmentait toujours, de sorte que Chris-
« tophe commença à avoir peur. Et quand enfin il eut passé
« la rivière et qu'il eut déposé l'enfant sur la rive, il lui
« dit : Tu m'as mis dans un grand péril, enfant, et tu m'as
« surchargé d'un si grand poids, qu'il me semblait que si
« j'avais le monde entier sur mes épaules, je n'aurais pas
« un plus lourd fardeau. Et l'enfant répondit : Ne t'en
« étonne pas, Christophe; car non-seulement tu as eu sur
« tes épaules le monde entier, mais encore celui qui a
« créé le monde ; car je suis le Christ, celui pour l'amour
« de qui tu as entrepris cette œuvre. »

Conformément à la légende, le peintre a donné à saint Christophe une taille surhumaine. Jésus-Christ, sous la figure d'un enfant, repose sur ses épaules ; sa tête est entourée du nimbe crucifère ; sa main gauche tient élevé le livre des Evangiles, sa droite qui a disparu, s'étendait sans doute pour bénir.

La porte de la chapelle Saint-Michel était surmontée d'un tableau, qui lui servait comme d'enseigne. On n'y distingue plus que la tête nimbée de l'archange et une âme placée sur un des plateaux de la balance.

Les arcatures qui décorent le sommet de la chapelle à l'extérieur, encadrent des peintures remarquables par leur admirable conservation et aussi par leur ancienneté ; car elles sont contemporaines de l'édifice. Elles représentent deux sujets : l'Annonciation et la Visitation. Dans l'Annonciation, l'ange debout présente à Marie assise un écriteau portant les premiers mots de la Salutation : *Ave Maria gratiâ plena.* Dans la Visitation, Marie embrasse avec effusion sa cousine Elisabeth. Les figures, quoique traitées avec soin, sont posées maladroitement et dessinées avec l'incorrection commune à cette époque. Elles se détachent sur un fond d'azur qui leur donne de la vigueur. L'artiste ne s'est pas contenté de jeter sur les draperies des teintes plates striées de traits foncés, qui en déterminent les contours et en accusent les plis ; il les a soigneusement ombrées ; il les a rehaussées de teintes claires, qui adoucissent l'éclat de leurs vives couleurs. Dans le champ des tableaux, sur les parties lisses des arcatures, on remarque des renflements de mortier qui tranchent sur le fond bleu. C'étaient des supports d'ornements en métal doré ou en poterie émaillée, que la cupidité a malheureusement arrachés, parce qu'elle leur supposait une valeur intrinsèque qu'ils n'avaient pas.

Le mur extérieur de la chapelle était couvert d'une grande peinture murale, malheureusement détruite aux trois quarts.

Dans le ciel apparaît le Père Eternel couronné d'une thiare, revêtu d'ornements pontificaux, selon le goût du XVe siècle. Les nuages qui l'entourent, ne laissent en évi-

dence que son buste. Sa main droite supporte devant lui
Jésus-Christ, les mains jointes, dans l'attitude de la prière.
Sous les nuages flotte une banderolle chargée d'inscriptions
devenues illisibles.

Sur le premier plan, trois morts, sortis de leurs tombeaux, se tiennent debout et menaçants. L'un d'eux est
armé d'une pelle de fossoyeur, un autre lance une javeline.
Il ne reste plus que des vestiges de trois chevaliers montés
sur des chevaux richement caparaçonnés, qui s'arrêtent
consternés devant cette effrayante apparition.

Plusieurs ont voulu voir dans cette peinture un fragment de la danse Macabre (*danse des morts*); d'autres, une
punition miraculeuse infligée à des violateurs de tombeaux. Nous y reconnaissons une traduction, bien souvent
reproduite depuis le XIIIe siècle, du *Lai des trois morts
et des trois vifs*. Le poète, dans ce lai, représente trois
jeunes seigneurs chevauchant sans souci, en devisant de
chasse, d'amour et de plaisirs. Trois morts viennent à leur
rencontre, et leur font de sérieuses réflexions sur la vanité
des choses humaines.

Les sanctuaires de Roc-Amadour étaient bordés de tombeaux; la grande plateforme était un cimetière, et beaucoup de nobles maisons y avaient fait établir des caveaux
particuliers. Outre les membres de ces familles privilé-
giées, on portait à Roc-Amadour pour y être ensevelis les
corps de pèlerins, de confrères qui avaient mis toute leur
confiance en la Sainte Vierge, et qui avaient demandé,
comme une suprême faveur, de dormir leur dernier sommeil auprès de leur oratoire de prédilection. Un tel encom-
brement de tombeaux dans un lieu aussi resserré avait
sans doute effrayé les moines de Roc-Amadour, et ils
avaient dû refuser l'inhumation à des corps apportés de
loin, lorsque le pape Alexandre III, dans une bulle où il
ordonne de laisser Roc-Amadour entre les mains de l'abbé
de Tulle, déclara « que la sépulture de ce lieu serait libre,
« en sorte que personne ne pourrait s'opposer à la dévotion
« et à la dernière volonté de ceux qui auraient résolu de
« s'y faire ensevelir, à moins qu'ils ne fussent excommu-

5

« niés ou interdits ; sauf cependant le juste intérêt des
« églises auxquelles les corps seraient enlevés. Qu'il ne
« soit donc permis à aucun homme de violer cette feuille
« de confirmation ou d'y contrevenir en quelque point; que
« si quelqu'un osait tenter de le faire, qu'il sache que son
« audace l'exposerait à encourir l'indignation du Dieu
« tout-puissant et de ses bienheureux apôtres Pierre et
« Paul. Donné à Anagni, le quatrième des Kalendes d'a-
« vril (1). »

La représentation du célèbre lai, étalée à tous les yeux
au-dessus de tant de sépultures, était une prédication per-
manente. Elle redisait à tous les visiteurs les grands enseignements de la mort, trop facilement oubliés.

(1) Arch. manusc. de Roc-Amadour. Biblioth. impériale, ms. 125,
fol. 236, 237.

CHAPELLE DE N. D. DE ROC-AMADOUR.

V

La Chapelle de Notre-Dame

Nous voici à l'entrée de la chapelle miraculeuse. Ce n'est plus le vénérable oratoire élevé par les mains de Saint Amadour à la gloire de la Mère de Dieu. Un bloc détaché de l'immense roc qui le domine, a écrasé dans sa chute cet humble, mais glorieux monument de sa piété.

La chapelle actuelle a été élevée sur l'emplacement de l'ancienne, en 1479, par les soins de Mgr de Bar, évêque de Tulle, dont les armes, maintenant mutilées, étaient placées sur l'arc surbaissé du portail, et se voient encore à la porte intérieure du sanctuaire.

Une inscription placée sur le mur extérieur du chevet rappelle le souvenir et fixe la date de cette reconstruction.

> HOC ORATORIUM SAXI
> RUINA COLLÄSUM DŪS DIONI
> SIUS DE BAR QUEM BITURIS
> PEP̄IT ĀTISTES ET DŪS TU
> TÊLS M° CCCC° LXXIX° EREXIT
> FŪDITUS AC AMPLIAVIT

Cet oratoire ayant été renversé par la chute d'un rocher, Mgr Denis de Bar, auquel Bourges a donné le jour, évêque et seigneur de Tulle, l'an 1479, l'a reconstruit depuis les fondements et l'a agrandi.

Ce n'est plus même l'œuvre de Mgr de Bar, exécutée avec tant de zèle et tant de goût. Le 3 septembre 1562, Roc-Amadour fut pris par les huguenots. Le colonel Duras et le capitaine Bessonias y entrèrent avec six vingts chevaux et un grand nombre de gens de pied. Ils por-

tèrent partout la mort, le ravage et l'incendie. Les
cloches furent fondues, les ornements d'église dérobés
et emportés. On tient, dit Odo de Gissey, que la valeur
en revenait à 15,000 livres. Ils en sortirent chargés de butin, après avoir rançonné la ville d'une bonne somme d'or.

La fureur des hérétiques s'exerça surtout sur la chapelle
miraculeuse. Toutes les richesses que la piété et les
arts y avaient amoncelées depuis des siècles, furent bri-
sées, pillées, anéanties. Les saintes images furent mutilées; la charpente fut incendiée, et les lames de plomb
qui la recouvraient, mises en fusion. Sous l'action du feu,
les voûtes s'effondrèrent, et il ne resta plus debout que
des pans de murs.

Ce qui subsiste encore de l'œuvre du XVe siècle, la fenêtre du chevet aux meneaux flamboyants finement décou-
pés; le portail aux délicates moulures, aux choux rampants si capricieusement enroulés, si habilement fouillés,
au pinacle gracieusement épanoui, font vivement regretter
l'ornementation architecturale qui sans doute avait été
prodiguée à l'intérieur de l'édifice.

Les chanoines qui survécurent au sac de 1562, réparè-
rent de leur mieux les désastres de cette néfaste journée.
Mais le pillage avait épuisé leurs richesses; ils n'avaient
pas les moyens de rétablir les choses dans leur premier
état. D'ailleurs le style dans lequel avait été élevée la
chapelle, était alors entièrement délaissé. Ils ne songèrent
donc qu'à relever et à décorer l'oratoire selon le goût
de l'époque, et avec le secours insuffisant des ouvriers
qui étaient à leur disposition.

Sur les murs restés debout, ils construisirent une coupole conique ajourée au sommet par une lanterne. Ils
placèrent sur les tribunes reconstruites des appuis en
pierre, supportés par des balustres. L'autel fut revêtu
d'une boiserie sculptée et dorée. Un rétable rehaussé aussi
de dorures, couvrit le mur du sanctuaire, et supporta sur
son entablement une niche richement ornementée, où la
statue miraculeuse, heureusement sauvée, reprit sa place
d'honneur.

Entrée de la Chapelle de Notre-Dame de Roc-Amadour

Cette restauration, qui est un témoignage du zèle et de la dévotion des chanoines, ne peut être regardée comme définitive. Il est réservé à notre siècle, qui sent de plus en plus le besoin de se rattacher à la religion par le culte de Marie, de rendre à l'oratoire de Roc-Amadour son ancienne forme et sa splendeur passée.

Quoiqu'elle soit bien peu digne de la Reine du ciel qui aime à y manifester sa puissance; quoiqu'elle ait gardé bien peu de vestiges de ses glorieux souvenirs, la sainte chapelle n'en est pas moins un sanctuaire vénérable entre tous. C'est qu'elle a conservé trois reliques qui valent mieux, pour les pieux croyants, que les ornements les plus précieux : l'antique statue de Notre-Dame, la cloche miraculeuse, l'autel consacré par saint Martial.

La statue de Notre-Dame de Roc-Amadour n'offre point cette beauté idéale, ces formes spiritualisées sous lesquelles on aime à se représenter la Mère du Sauveur. Elle a été taillée dans un tronc d'arbre par une main pieuse, mais inhabile à traduire les sentiments de l'âme qui la guidait.

Elle a soixante-seize centimètres de hauteur et trente centimètres de largeur à sa base. La Vierge est assise sur un siége réservé dans le même bloc. Sa tête est surmontée d'une couronne, dont les fleurons sont tombés de vétusté; ses cheveux flottent librement sur ses épaules; ses yeux sont humblement baissés; ses traits, un peu trop arrêtés, expriment néanmoins une douceur calme et digne. Les vêtements, à peine drapés, ne dissimulent pas les formes amaigries du corps. Les deux bras sont écartés et tendus, pour se reposer, par les mains ouvertes, sur les appuis latéraux du siége.

Sur le genou gauche se tient assis l'enfant Jésus. Une couronne est sur sa tête; de sa main gauche il tient le livre des Evangiles.

La statue entière est noire. Il n'est pas présumable que cette couleur lui ait été donnée à dessein. Le bois dont elle est formée, a dû noircir en vieillissant dans une atmosphère chargée de la fumée des cierges et de l'encens brûlés en son honneur.

Elle ne porte aucune trace de mutilation; mais par l'action du temps, le bois s'émiette et tombe en poussière. A une époque bien reculée, on a recouvert le corps pour le préserver de la destruction, d'une mince feuille d'argent appliquée soigneusement sur toute la surface. L'argent a aussi pris une teinte noire en s'oxidant, et le métal n'est plus reconnaissable qu'aux petits rinceaux qui ornent l'encolure et l'extrémité des manches de la robe, où il a été préservé par une couche d'or. Le métal corrodé par l'oxide tombe en lambeaux, et laisse à nu la partie inférieure.

Cette antique statue a toujours été exposée à la vénération des fidèles dans un lieu élevé; mais, derrière l'autel, sur une console qui fait saillie au croisillon de la fenêtre, était placée, plus à la portée des pélerins, une statue en argent, copie exacte de l'image miraculeuse.

C'est cette copie qui était présentée pour satisfaire à leur
dévotion, et qu'ils venaient baiser pieusement.

Presque tous les lieux de pélerinage ont conservé dans
de gracieuses légendes le souvenir de l'invention des
images miraculeuses qui y sont conservées, des signes
providentiels qui les ont manifestées. L'histoire et la tradition se taisent sur l'origine de la statue de Notre-Dame de
Roc-Amadour. Elle a toujours été, dans ce lieu, l'objet
d'un culte assidu. Ne doit-on pas en conclure qu'elle est
aussi ancienne que le pélerinage, et que le saint ermite
qui, dès le premier siècle de l'Eglise, éleva sur le rocher
un humble autel à Marie, l'orna de cette pieuse image, que
peut-être il l'avait sculptée de sa propre main?

La science archéologique vient pleinement confirmer
cette opinion, en reconnaissant à la vénérable effigie tous
les caractères d'une haute antiquité.

Ce qui distingue les plus anciennes effigies de la Mère
de Dieu, c'est le sentiment de profond respect avec lequel
elle remplit ses sublimes fonctions. Dieu l'a choisie entre
toutes les femmes pour être la Mère du Verbe; elle s'est
soumise humblement à sa volonté. Je suis, a-t-elle dit au
céleste messager, la servante du Seigneur; qu'il me soit
fait selon votre parole. Elle prête son sein virginal pour
l'accomplissement du mystère de l'Incarnation; et, quand
l'enfant lui est né, il repose sur ses genoux comme sur un
trône. C'est son Fils; mais c'est surtout son Dieu; et
Marie, se renfermant dans le rôle passif que lui inspire
son humilité, le contemple avec amour, l'écoute avec attention, l'adore en silence. Elle n'a garde de le caresser,
comme un enfant vulgaire; elle ne le touche même pas.
Jésus, quoique bien jeune, n'est cependant pas un enfant.
Il se tient par sa propre force et sans aucun secours; il
est complètement vêtu; la couronne royale est sur sa tête.
D'une main il bénit, de l'autre il tient le livre où sont écrits
les enseignements qu'il vient répandre sur la terre, pour
la régénérer. Il est tout entier à sa mission; et si une
caresse maternelle venait l'en détourner, on croirait entendre sortir de sa bouche ces paroles qu'il adressa à ses

parents dans le temple : Ne savez-vous pas qu'il faut que je sois occupé aux choses qui regardent le service de mon Père ? (1)

Le groupe vénéré à Roc-Amadour est parfaitement conforme à ce type primitif, et le reproduit dans sa sévère pureté. Il appartient donc aux premiers siècles du Christianisme. En effet, la représentation de la Mère de Dieu ne fut pas longtemps renfermée dans ce mode essentiellement symbolique. De siècle en siècle l'élément humain vint le modifier, en s'y mêlant. Marie peu à peu se montre mère; elle essaie de soutenir son enfant; plus tard elle le porte entre ses bras; puis enfin au XVIᵉ siècle elle lui prodigue des caresses auxquelles il répond avec effusion. D'abord l'art peignit le Dieu-homme, puis l'homme-Dieu; puis enfin l'humanité avec toutes ses grâces, mais dépouillée de sa divinité.

On retrouve, il est vrai, dans les siècles suivants et jusqu'au XIIᵉ, quelques reproductions de ce type; mais elles n'ont plus la simplicité première. Elles se distinguent surtout par l'ampleur des vêtements, qui se plissent en bourrelets symétriques sur les parties saillantes du corps, et qui retombent sur les vides en faisceaux de plis tuyautés.

Entre toutes les statues miraculeuses qui ont été consacrées par un culte séculaire, et qui ont attiré un grand concours de fidèles, la statue de Roc-Amadour tient donc le premier rang par son ancienneté, comme par sa célébrité (2).

Quelle émotion saisit le cœur du pélerin, lorsqu'il se

(1) S. Luc, 2, 49.

(2) La statue du Puy, en bois de cèdre, est d'origine orientale. Apportée en France, au VIIIᵉ siècle, elle fut donnée à l'église de cette ville par saint Louis. — Celle de Monserrat en Espagne fut manifestée par une lumière mystérieuse en 880. — Celle de Liesse fut apportée du Caire en 1132 par trois chevaliers de Malte, miraculeusement délivrés de captivité. — Celle de Verdelais date de 1584. — Celle de Garaison ne remonte qu'au milieu du XVᵉ siècle. — Les anciennes statues de Chartres et de Notre-Dame-de-la-Garde ont été détruites pendant la révolution.

prosterne devant cette image, que son antiquité entoure
d'une auréole de respect, que le culte assidu de tant de
générations a solennellement consacrée, que Dieu a mani-
festement bénie en accueillant les vœux qui ont été for-
mulés à ses pieds, et en prodiguant les miracles à ceux
qui sont venus devant elle implorer la Reine des cieux.

Dans l'oratoire où elle réside, on sent plus qu'ailleurs
ce lien d'amour qui unit dans une même foi, dans une
même espérance, tous les enfants de Dieu; cette solidarité
de tous les chrétiens que l'Eglise appelle d'un beau nom :
la communion des saints; cette fraternité que ne peut
rompre ni la vie, ni la mort, ni le temps, ni la distance,
et qui va se perpétuant de siècle en siècle dans les mêmes
aspirations, les mêmes vœux, la même confiance en Dieu
et en sa sainte Mère.

On y entend comme un écho des pieux soupirs que des
milliers de chrétiens y ont poussés; et l'on se sent heureux
de joindre sa prière à tant de ferventes prières. On y respire
un parfum de foi et d'amour laissé par tant de générations;
et le cœur se dilate pour s'ouvrir à la foi et à l'amour. Le
souvenir de tant de prodiges opérés en ce lieu, ranime
l'espérance; on y reprend naturellement la simplicité de
l'enfant, pour implorer celle qui s'y est toujours montrée
bonne mère.

Par une providence toute particulière, Dieu a préservé
de la destruction la fragile statue que le saint ermite avait
érigée à la Sainte Vierge, et l'a fait parvenir intacte jusqu'à
nous, à travers tant de siècles, de désastres et de révolu-
tions. La même providence nous a conservé aussi le simple autel sur lequel elle fut primitivement placée. C'est
l'autel même de la chapelle.

Une boiserie dorée le recouvre entièrement et le dérobe
aux regards. Il est formé d'une seule dalle terminée sur ses
bords par un large chanfrein faisant saillie sur le massif
de maçonnerie qui la supporte. Cette dalle ou pierre sacrée
a été consacrée par saint Martial, premier évêque de Limoges.

Ce saint apôtre, dit saint Antonin, fut envoyé dans la

6

Gaule par saint Pierre, et il avait dans sa compagnie Amateur et son épouse Véronique (1).

Son zèle ne se concentrait pas dans le pays limousin; il évangélisait aussi la Guienne et le Quercy. Pendant qu'Amadour et Véronique vivaient dans le Médoc, saint Martial vint les y visiter, et consacra un oratoire que les saints époux avaient élevé en l'honneur de saint Etienne, premier martyr. Il y donna plus tard le baptême à Sigibert, seigneur du pays, et à Benoîte son épouse, qu'ils avaient gagnés à la foi par leurs exemples, leurs prédications et leurs miracles.

Lorsque, après la mort de Véronique, saint Amadour se retira dans le Quercy, saint Martial le visita dans sa sauvage retraite, et consacra l'autel qu'il avait élevé à la Mère de Dieu. Cet Amadour, disent d'anciennes chroniques, établi sur un roc qui porte maintenant le nom d'Amadour, mena une vie solitaire. Il avait élevé, en l'honneur de la bienheureuse Vierge, un autel bien humble d'abord, mais maintenant en honneur dans l'univers entier, qui fut consacré par le bienheureux apôtre Martial (2).

Elle est bien simple, mais elle est bien précieuse, cette antique pierre qu'un saint ermite contemporain et témoin de la Rédemption a pieusement érigée, sur laquelle la main d'un apôtre a répandu le saint-chrême. Heureux les prêtres auxquels il est donné d'y offrir le saint sacrifice, après tant de saints martyrs, de saints évêques, de saints confesseurs, qui ont tenu à honneur d'y célébrer les saints mystères.

A la voûte, au-dessus de l'autel, est suspendue une cloche qui porte à bon droit le nom de cloche miraculeuse.

(1) Martialis in Galliam missus fuit à beato Petro, habens in comitatu suo Amatorem et conjugem ejus Veronicam. *S. Ant. chron.* pars 1. Tit. 6. cap. 25.

(2) Iste Amator in rupe, quæ modò Amatoris vocatur, solitariam vitam egit, altari in honorem beatæ Virginis, vili quidem, sed nunc toti mundo honorabili, à beato apostolo Martiali ibi dedicato. *Anciens mémoires de l'église de Rodez, Monuments de la ville de Limoges*, cités par Odo de **Gissey.**

Elle est en fer forgé et modelé au marteau. Sa forme est
celle d'un timbre; ses parois sans bourrelet ni évasement,
ont une épaisseur uniforme d'un centimètre. Elle a de hauteur vingt-quatre centimètres, et trente-trois de diamètre.
Ses oreillettes, de forme irrégulière, ont été forgées à part
et sont reliées au corps par des rivets.

Cette cloche, qui a acquis une si grande célébrité, faisait-
elle partie de l'humble mobilier de la chapelle primitive?
Avait-elle été placée par saint Amadour au sommet de son
oratoire, pour inviter à la prière les habitants de la contrée?
C'est ce que nous allons examiner.

Une opinion accréditée depuis des siècles attribue à

saint Paulin, évêque de Nole, en Campanie, l'invention
des cloches et leur introduction dans les églises. Les auteurs se copiant les uns les autres répètent à l'envi que
les noms latins de la cloche, *campana, nola,* lui ont été
donnés en souvenir de son origine, Nole en Campanie.

Le savant critique Thiers, dans son traité des cloches,
combat victorieusement tant de témoignages accumulés. Il
prouve, non-seulement que les cloches étaient connues bien
avant saint Paulin, qui mourut en 431, mais encore qu'elles
étaient en usage dans les temps les plus reculés. Il rappelle que la robe d'hyacinthe du grand-prêtre Aaron était
bordée de clochettes. Il cite des passages d'auteurs de
l'ancienne Rome, tels que Strabon, Pline, Juvénal, Martial, Plutarque, Lucien, Porphire, Suétone, qui mentionnent les cloches et les sonnettes, ou comme ornements
d'édifices, ou comme signaux pour avertir le public de
l'heure des bains et de l'ouverture des marchés. Il croit,
avec plusieurs auteurs, que le nom *campana,* encore
conservé dans le patois du pays, ainsi qu'en italien, a
été donné à cet instrument déjà connu, à cause de l'airain
de Campanie, renommé pour sa confection.

On peut donc admettre, sans s'exposer à une accusation
d'anachronisme que saint Amadour employa pour appeler
les fidèles à la prière, un procédé qu'il avait déjà vu
en usage à Rome. On sait d'ailleurs qu'avant d'être géné-
ralement adopté dans l'Eglise, ce moyen fut exception-
nellement pratiqué dans quelques monastères, comme le
prouvent les règles de saint Jérôme pour les religieuses,
de saint Césaire, de saint Benoît, de saint Aurélien.

Sa forme toute particulière, sa matière et la malhabi-
leté de sa fabrication, font reconnaître dans la cloche de
Roc-Amadour un monument d'une haute antiquité. Aucune tradition ne nous fixe sur son âge, ni sur son origine; mais, en l'absence de tout document, on aime à
croire qu'elle a été offerte à Marie par son dévoué solitaire, et que la bonne Mère a béni ce don de son fervent serviteur, en le revêtant d'une vertu merveilleuse, et en l'adop-
tant pour le signal de ses grâces extraordinaires.

Le P. Odo de Gissey, de la Compagnie de Jésus, dans son histoire de Roc-Amadour, publiée en 1631, consacre plusieurs chapitres à la *merveilleuse cloche*. Nous allons lui emprunter son récit, en nous permettant toutefois de l'abréger et de le mettre en ordre (1).

« Claude Champier, dans son livre des *Erections anti-ques*, c'est-à-dire, des divers monuments qu'il a visités en France, discourant de Roc-Amadour, remarque qu'il y a une cloche qui, sans attache de cordes ni de chaînes pendantes, sonne quelquefois d'elle-même, et sans que personne la touche ou lui donne aucun branle ni mouvement. Cela arrive lorsque quelquefois sur mer des personnes persécutées par la tempête et les vagues, appellent à leur secours l'Etoile de la mer, Notre-Dame de Roc-Amadour. Quelques personnes difficiles à croire n'ajouteront pas foi au dire de cet auteur; mais si elles avaient vu et lu ce qu'en six ou sept fois j'ai vu et lu, lorsque par dévotion je me suis transporté à Roc-Amadour, elles changeraient d'avis et admireraient le puissant pouvoir que la Mère de Dieu fait paraître.

« Le premier miracle que j'ai recueilli est de l'an 1385. Je ne doute pas qu'avant cette époque, il n'y en ait eu plusieurs autres qui ne sont pas venus à notre connaissance. Le 10 février de cette année, sur les dix heures du soir, la petite cloche sonna d'elle-même. Il y eut des témoins de cette merveille qui en assurèrent la vérité. Tels furent MM. Gilbert et Pierre de la Sale.

« Le second eut lieu peu après, le 13 du même mois, tandis que l'on célébrait la messe du matin; ainsi cette merveille fut vue et entendue de plusieurs, tant prêtres que séculiers, qui se trouvèrent dans l'église. Acte fut pris et serment solennel prêté pardevant notaire apostolique, qui exprime dans son écrit le nombre de ceux qui déposèrent de cette merveille. J'ai lu cet instrument con-

(1) Odo de Gissey, *histoire de Notre-Dame de Roc-Amadour*, p. 92 à 111.

tenant la déposition des témoins, lequel est souscrit et
signé par le notaire apostolique, nommé Deparellis.

« Outre ces deux miracles, il s'en lit plusieurs autres,
écrits à la marge du calendrier d'un ancien missel de
parchemin conservé à Roc-Amadour : on y apprend que
le même miracle s'était renouvelé le vingtième jour de
juillet 1435, vers une heure après-midi; que le cinquième
jour de mai 1454, la petite cloche retentit d'une façon
merveilleuse. Et afin qu'on fût assuré que, cette fois et
toutes les autres, elle annonçait que la Mère de Dieu
invoquée sur les ondes de l'Océan tendait la main à ceux
qui imploraient sa faveur, on vit quelque temps après
des personnes venir témoigner leur reconnaissance de la
grâce qu'elles avaient reçue de Dieu par l'intercession de
sa sainte Mère, lorsque, tourmentés par une furieuse
tempête, ils avaient été délivrés et ramenés heureusement
au port de Saint-Jacques en Galice.

A ces quatre merveilles, j'ajouterai cette cinquième plus
longuement détaillée. Elle arriva le 14 du mois d'octobre
1436, vers les six heures du soir. Ce jour-là la Sainte
Vierge, prêtant son secours sur les côtes de Bretagne
à des matelots qui le réclamaient, la cloche ne manqua
pas d'en donner avis par son tintement accoutumé. Ceux
qui l'entendirent, notèrent soigneusement le jour et l'heure.
Bientôt après, on fut dûment informé de la cause qui
avait donné branle et mouvement à la cloche; car ceux
que la glorieuse Vierge avait secourus en la tourmente,
accomplissant leur vœu, firent savoir que, tel jour et
telle heure, une flotte de marchands bretons avait été
assaillie par une si violente tempête, qu'ils s'étaient crus
perdus et engloutis par les flots où plusieurs trouvèrent
la mort; qu'ayant réclamé, avec une ferme foi, le secours
de la Vierge Marie honorée à Roc-Amadour, ils se sen-
tirent, d'une façon merveilleuse et surnaturelle, élevés
en l'air et portés sur le rivage, soutenus par une nuée
blanche en laquelle ils se voyaient enveloppés. Ceux des
marchands qui n'avaient pas eu recours à Notre-Dame
de Roc-Amadour, avaient tous été engloutis et avaient péri
misérablement.

« La clochette de Notre-Dame se fit entendre, tintant et sonnant fort clair, le 5 mars 1542. Les chanoines qui l'entendirent, en signe d'allégresse et d'actions de grâces, firent mettre en branle les autres cloches de l'église, et puis prirent acte public de ce qui s'était passé.

« L'année suivante, 1543, le 11 du mois d'octobre, la cloche retentit encore en l'honneur de sa Maîtresse, la Mère de Dieu; et, afin que la chose ne fût mise en oubli, le sieur Antoine Laydié, prêtre et sacristain de la chapelle de Notre-Dame, et plusieurs habitants de Roc-Amadour attestèrent le fait, dont actions de grâces furent rendues par une messe chantée et par une procession générale au son de toutes les cloches.

« La même année, le même mois, mais non le même jour (car ce fut le 22 octobre), la cloche de Notre-Dame se fit entendre entre une et deux heures après minuit, sans que personne lui donnât mouvement. Ce fait fut attesté par Jean Bessolies, prêtre, et plusieurs habitants de Roc-Amadour, qui en avaient été témoins. Aussitôt après matines, une procession générale vint se rendre, au son joyeux des cloches, devant l'image de la Vierge, pour la remercier de la faveur qu'elle avait accordée à ceux qui avaient imploré son aide.

« Le neuvième miracle que j'ai recueilli, eut lieu en 1544, le 3 février. Les témoins firent publiquement leur déposition, et prirent part à la procession accoutumée en pareil cas.

« Pareille merveille fut vue et entendue le dernier jour de mai 1545.

« Le 15 février 1549, les prêtres et les habitants de Roc-Amadour furent réjouis par le tintement de la cloche miraculeuse, entre deux et trois heures après midi, et témoignèrent leur joie par une procession solennelle.

« Le même miracle se renouvela le 18 mars de la même année, et afin d'en perpétuer le souvenir, MM. Noël Duval, Antoine Mond, et Jean Marroy, tous trois prêtres, en rendirent témoignage solennel.

« En 1551, la cloche de Notre-Dame sonna d'elle-même.

Or, le 16 avril de l'année suivante, François Lalan, du diocèse de Nantes, se transporta à Roc-Amadour en pélerinage, au nom de Guillaume Millassets, pour y porter le vœu dudit Guillaume et rendre grâces du favorable secours qu'il avait reçu de la Reine des cieux, pendant qu'il se trouvait en danger sur mer en 1551, à l'époque où la cloche de Notre-Dame avait tinté, pour marquer que quelqu'un se recommandait à elle.

« Le dernier miracle que j'ai recueilli sur ce sujet, fut célébré le 23 septembre 1554 par une procession générale dans les rues au son des cloches, en reconnaissance de ce que, le 3 du mois d'août précédent, la bienheureuse Vierge s'était montrée propice sur mer à Yves le Commodet, natif de l'île de Bins ou Bréhat, proche la ville épiscopale de Laintraiguet ou Tréguier. Trente passagers, conduits par un pilote breton, furent assaillis par une violente tempête. Ils invoquèrent Notre-Dame de Roc-Amadour, et se vouèrent à elle. Ils furent promptement secourus et délivrés du danger. Yves s'achemina vers Roc-Amadour pour y accomplir le vœu, et y arriva le 23 septembre. Il manifesta l'assistance que lui et ses compagnons avaient reçue de la Vierge Marie ; il fit célébrer deux messes, et il donna une somme d'argent à la chapelle. »

Lorsque le P. Odo de Gissey visita Roc-Amadour, les archives n'existaient plus ; il n'a pu que glaner parmi les rares papiers échappés à l'incendie. Nous déplorons avec lui la perte des procès-verbaux authentiques, qui nous auraient plus amplement renseignés sur le rôle de la cloche miraculeuse, et sur les signaux mystérieux par lesquels elle annonça tant de fois que Marie prêtait secours aux navigateurs qui l'invoquaient dans leur détresse.

Les faits dont il nous a conservé le souvenir, suffisent néanmoins pour confirmer l'antique croyance. Leur récit est trop circonstancié, trop bien appuyé de sérieux témoignages, pour pouvoir être révoqué en doute. Le renouvellement du prodige à intervalles inégaux pendant une période de deux siècles, prouve aussi que la célébrité de la cloche ne repose pas sur quelques faits rares et accidentels.

Roc-Amadour est fort éloigné de la mer, et nous venons de voir néanmoins que les marins, dans leur détresse, s'empressaient de tourner leurs regards vers son oratoire. C'est que Notre-Dame de Roc-Amadour était vénérée sous le nom d'Etoile de la mer (1). Hugues Farsit, dans le récit des nombreux miracles qu'il a recueillis, met souvent ce nom dans la bouche de ceux qui invoquent Notre-Dame, et qui obtiennent par leur pleine confiance ses faveurs les plus miraculeuses.

C'est sans doute saint Amadour lui-même qui donna à Marie ce nom aussi glorieux que poétique, lorsqu'il lui érigea un autel ; car elle avait été son étoile tutélaire pendant sa merveilleuse navigation à travers la Méditerranée et l'Océan. Il avait été persécuté en Palestine pour sa constance dans la foi, et l'ange qui vint le délivrer de la prison où les Juifs l'avaient jeté, lui ordonna, au nom de Marie, de s'embarquer, et d'aborder avec confiance au lieu où son navire prendrait terre. C'est ainsi qu'il arriva sain et sauf sur la côte du Médoc.

La dévotion à Notre-Dame de Roc-Amadour est restée vivante pendant bien des siècles au cœur des marins. Elle s'est manifestée surtout en Bretagne, comme le prouvent les témoignages que nous venons de citer. Sur les grèves de l'Océan, à quelques lieues de Brest, on voit encore un monument de piété et de reconnaissance envers Notre-Dame : c'est une chapelle bretonne qui porte le nom de Roche-Amadour (2). Cet oratoire, élevé sur les bords de la mer et que les matelots saluent avec confiance, rappelle l'antique oratoire du Quercy, non-seulement par l'identité du nom, mais encore par l'ensemble de la construction et les détails de l'architecture. Son portail semble fidèlement copié sur celui de Roc-Amadour, et la statue qui y est vénérée, a les formes et la pose de notre antique image.

(1) Odo de Gissey, p. 111.
(2) Le Guennec. *Notice sur Notre-Dame de Roc-Amadour*, p. 29.

7

Est-ce là l'*ex-voto* de quelque riche armateur qui devait à la protection de Notre-Dame la conservation de sa vie et de sa fortune? Ou bien les pieux Bretons, en élevant sur leur sol ce monument, ont-ils voulu manifester hautement leur dévotion séculaire à la Reine de Roc-Amadour? Ou enfin auraient-ils eu pour but de faciliter l'expression de leur foi et de leur reconnaissance envers leur puissante Protectrice? La longueur et les fatigues du voyage, les dangers que couraient les voyageurs, surtout pendant les guerres du Quercy au XVIe siècle, rendaient en effet difficile au plus grand nombre le pèlerinage de Roc-Amadour, et l'accomplissement de leurs vœux.

Aux murs de la chapelle sont appendus quelques tableaux votifs. Deux ont été offerts par M. de Cablans, en souvenir de grâces obtenues par l'intercession de Notre-Dame. Dans le premier, on le voit implorant la Sainte Vierge pour le rétablissement de son épouse alitée, Suzanne de Cablans. Dans le second, il présente à Marie les pièces d'un procès dont dépendait sa fortune. C'est à cette puissante Protectrice qu'il attribuait le succès de sa cause et la justice qui lui fut pleinement rendue. Il vint lui-même témoigner sa gratitude avec une vive effusion que se plaisait à rappeler un des derniers chanoines de Roc-Amadour, M. Lacoste.

Le plus précieux de ces *ex-voto* est celui qui représente M. et Mme de Salignac de Lamothe-Fénélon aux pieds de la Mère de Dieu, et lui offrant, dans son berceau, l'enfant qui devait être un jour le célèbre archevêque de Cambrai. Ils avaient obtenu sa guérison; ils le portèrent à Roc-Amadour pour l'offrir à Marie qui le leur avait conservé, et ils laissèrent ce tableau pour perpétuer le souvenir de leur reconnaissance.

Mme de Fénélon professa toute sa vie pour le pèlerinage de Roc-Amadour une dévotion singulière, dont son testament du 4 juillet 1691 contient la preuve. Par ce dernier acte de sa volonté, elle désigna la chapelle de Notre-Dame pour le lieu de sa sépulture, et elle légua aux chanoines 3,000 livres pour le capital d'une fon-

Tableau votif de la famille De Salignac Lamothe-Fénelon

dation (1). Ses désirs furent remplis; son corps repose
dans la chapelle. La rente de cent cinquante livres tour-
nois continua d'être servie au chapitre jusqu'à la révolution; ce fut même la seule qu'on n'aliéna point à cette
époque. Lorsque la paix fut rendue à l'Eglise, une instance
fut entamée pour la recouvrer; mais la procédure, annulée
pour vice de forme, ne put arrêter la prescription qui
l'éteignit.

Fénélon était né au château de Salignac, possédé de
temps immémorial par sa famille. Odo de Gissey, sur la
foi d'un ancien manuscrit, assure que saint Martial dans
ses courses à travers l'Aquitaine pour annoncer l'Evan-
gile, s'arrêtait quelquefois au château de Salignac, où il
recevait une généreuse hospitalité. Saint Amadour, averti
de son passage, allait le rejoindre dans cette maison, qui
n'était pas très-éloignée de son ermitage. « Notez, ajoute
cet auteur, la bénédiction que Dieu donne quelquefois
aux maisons vertueuses, lesquelles il conserve plusieurs siècles ; car la race des seigneurs de Salignac,
depuis tant de temps, n'est pas encore éteinte (2). »
Qu'eût dit le bon religieux, s'il avait vu sortir de cette
souche antique le noble et pieux rejéton qui illustra et
sa famille et l'Eglise. Il eût reconnu plus clairement dans
une telle postérité la récompense de la foi et de la vertu
des pères, et les effets de cette solidarité surnaturelle qui
rattache les descendants à leurs ancêtres. « Dieu, en effet,
tient compte aux générations de ce qu'ont été dans la
grâce celles qui les ont précédées et produites, même à
de longs intervalles (3). »

La reconnaissance et la piété ont laissé près de l'autel
de Marie des offrandes que la curiosité parcourt froide-
ment, mais que les regards pieux ne contemplent pas sans
émotion. Au pied de l'antique statue est suspendue une

(1) Caillau, p. 148.
(2) Odo de Gissey, p. 31.
(3) Lacordaire, *Conf.* 69.

guirlande de cœurs en vermeil; et chacun de ces cœurs
redit une ardente prière, renouvelle une consécration
généreuse, rappelle des grâces obtenues, des larmes essu-
yées, des consolations largement accordées. Dans les
palais des rois, brillent les armes et les étendards, sym-
boles de la puissance et de la victoire; la Reine de miséricorde aime à voir autour de son trône, réunies en tro-
phée, les images de ces cœurs qu'elle a gagnés à Dieu par
sa tendresse maternelle.

Des bagues, des bracelets, des colliers, des pendants
d'oreille, des chaînes d'or, des décorations, rassemblés
dans des tableaux, forment comme les écrins de la Sainte
Vierge. Les objets qu'ils contiennent, sont moins précieux
par la richesse de la matière et de la forme, que par
les souvenirs qu'ils rappellent. Cette bague, ce collier,
une mère mourante les a remis à ses enfants pour les
offrir à Notre-Dame, comme un dernier acte d'amour.
Ces bracelets, ces bagues, ces chaînes, c'est un sacrifice
fait à Marie en retour d'une prière exaucée; c'est un signe
de renoncement à la vanité et aux plaisirs du monde; c'est
un gage d'affection inaltérable laissé entre les mains de
la bonne Mère. Une pieuse enfant s'est dépouillée de ces
bijoux, avant de suivre la vocation religieuse qui lui a été
inspirée auprès de la sainte image. Ces décorations, ces
signes honorifiques ont été offerts par des hommes religieux qui reconnaissaient devoir à Marie leur conservation sur le champ de bataille, leurs succès, leurs honneurs.
Ces joyaux, qui brillent sous les cadres dorés, exhalent
vers la douce Madone comme un parfum de dévouement,
de reconnaissance et d'amour qui fait les délices des âmes
pieuses. Sur les gradins, auprès de l'autel, reposent de beaux
vases en porcelaine émaillée. Les demoiselles de Limoges
qui en ont fait hommage à Notre-Dame, ont eu l'heureuse
pensée de rappeler dans leur décoration les liens religieux
qui unissent leur ville natale à l'antique pélerinage : la
prédication de saint Martial, l'ami et le compatriote de
saint Amadour; le martyre de sainte Valérie, la glorieuse
vierge limousine; la visite de saint Martial à saint Ama-

dour, dans son abrupte retraite ; la Vierge de Roc-Amadour
planant au-dessus de la ville de Limoges, pour la couvrir
de sa protection.

Après s'être reposé sur tant de témoignages de gratitude
et de dévouement, sur ces vêtements précieux que de pieuses mains ont brodés pour parer l'antique statue, sur ces
fleurs, sur ces nappes apportées de loin pour orner son
autel, sur ces blanches guirlandes offertes par de jeunes
fiancées à la fidèle gardienne de leur pureté, l'œil s'élève
avec plus de confiance vers Marie. Le souvenir de tant de
grâces reçues ranime la foi, éveille l'espérance, appelle au
cœur les saintes pensées et fait couler des lèvres les ferventes prières.

Oh! combien plus émus durent être les pélerins qui
visitaient l'oratoire, avant qu'il eût été dépouillé par l'impiété! De riches ornements brillaient alors sur l'autel ; une
couronne de lampes précieuses était suspendue autour de
la sainte image ; les *ex-voto* couvraient tous les murs et
refluaient jusqu'au dehors ; on voyait partout des effigies
en cire représentant des personnes sauvées, des membres
guéris, des villes délivrées, des navires préservés du nau-
frage : langage énergique et touchant qui redisait à tous la
puissance et la bonté de Marie.

Remontons par la pensée à ces siècles de foi, et écoutons
un de nos anciens auteurs décrivant le saint pélerinage
avec l'accent d'un pieux enthousiasme : « Là, dit Bertrand
Delatour, se sont toujours opérés des miracles ; la dévotion
remise en vigueur, les peuples accourant en foule, les dons
multipliés à l'infini, les pauvres évangélisés, les boiteux
redressés, les paralytiques remportant leurs lits sur leurs
propres épaules, les aveugles rendus à la lumière, les
sourds recouvrant l'ouïe, les démoniaques délivrés, les
muets retrouvant la parole, la multitude ravie d'admira-
tion, tout atteste le pouvoir de Marie. En confirmation de
ces miracles, on voit suspendue au toit de l'oratoire une
petite cloche sans corde, qui plusieurs fois a rendu d'elle-
même et sans aucune impulsion étrangère et visible, un
son prodigieux et surnaturel, surtout lorsque les malheu-

reux exposés aux périls de la mer recouraient à cette Etoile bienfaisante. Qui pourrait raconter des miracles plus éclatants et plus nouveaux ? Levez les yeux, et, dans le vestibule même de l'oratoire voyez ces chaînes, ces menottes, ces entraves, ces cheveux, ces habits, ces linges, ces suaires, ces draps de mort, ces images de cire, et tous les autres trophées suspendus çà et là, comme les dépouilles dont fut jadis décorée la tribune victorieuse du peuple romain. Ne vous arrêtez pas là; entrez et considérez ces lampes d'argent et d'or d'un grand poids, ces colliers, ces boucles d'oreilles, ces joyaux de tout genre enrichis de perles et de diamants, qui pendent de la voûte devant l'image de la glorieuse Vierge; contemplez ces calices, ces burettes, ces vases, ces chasubles, ces dalmatiques, ces chapes, ces tapisseries et tous ces ornements divers consacrés à la Mère de Dieu par les rois, les princes, les nobles et les fidèles de toute condition et de tout sexe ; ces signes de grâces demandées, ces vœux de grâces obtenues sont bien suffisants, si vous consultez votre raison, pour vous apprendre que, par le secours de la bienheureuse Vierge Marie honorée en ce lieu, des captifs ont secoué leurs fers, des infortunés exposés au péril des mers sont parvenus au port désiré ; tous, en un mot, ont obtenu par son intercession les faveurs qu'ils avaient humblement sollicitées (1). »

De toutes ces richesses que le docte écrivain énumère avec tant de complaisance, il ne reste que quelques débris échappés au pillage : des reliquaires mutilés, une croix processionnelle du XIIᵉ siècle et une monstrance du XVᵉ.

La croix est formée d'un noyau de bois sur lequel ont été clouées des plaques d'argent repoussées et ornées de rinceaux. Sur la face principale est attachée l'image de Jésus-Christ en haut-relief. Sa tête couronnée d'épines repose sur un nimbe carré, timbré d'une croix grecque;

(1) Bertrand Delatour, *Instit. Tutel. eccl.* cap. XIX, p. 181-183.

ses jambes sont croisées et ses pieds fixés par un seul clou. Quatre médaillons quadrilobés s'épanouissent en fleurons aux bras de la croix. Dans celui de droite est la Mère de douleurs, qui assiste, la tête voilée, les mains jointes, au sanglant sacrifice; à gauche est le disciple bien-aimé, le fils adoptif de Marie. Au sommet de la croix, le pélican

déchire son sein et fait couler le sang qui nourrira ses petits, symbole du sublime dévouement par lequel le Fils de Dieu se livre à la mort pour sauver les hommes, et leur

rendre la vie qu'ils avaient perdue par le péché. Au pied de
la croix se tient, les mains jointes, un enfant qui reçoit sur
sa tête le sang de la rédemption ; c'est Adam, et avec lui
l'humanité tout entière, qui reprend une nouvelle vie au
contact du sang du nouvel Adam. Une ancienne tradition
place la sépulture d'Adam sur le Calvaire, au lieu même où
fut dressé l'arbre de la croix. Les mêmes médaillons res-
sortent sur le revers de la croix. Ils portent les emblèmes
des quatre évangélistes, qui ont écrit la vie et la mort du
Sauveur. Sur la surface carrée qui correspond au nimbe,
est figuré l'Agneau divin, soutenant d'un de ses pieds la
croix triomphale ornée d'une banderolle. La victime a été
immolée, et par son sang elle a triomphé de la mort.

Les bouts de la croix ont probablement été mutilés pendant la révolution, parce qu'ils affectaient la forme de
fleurs-de-lys. La douille, ornée d'un gros cabochon en
cristal de roche, est relativement moderne. C'est une restauration dont la date est fixée par l'inscription gravée
autour du nœud : *Messieurs les chanoines du chapitre de
Roquemadour m'ont faict réédifier en cete année 1620
par Charles Larouse maistre orfebre de Gourdoun.*

La monstrance est un gracieux édifice en argent reposant
sur un pied évasé et surmonté d'une flèche imbriquée.
Chacun de ses trois étages, qui affectent en plan la forme
d'un losange, est percé de baies en accolade, dont les
gracieuses courbes, qui vont se perdre dans des contre-
forts finement ciselés, sont ornées de crochets rampants et
reliées au sommet par un chou épanoui. Dans l'étage
supérieur se trouve une image de la Sainte Vierge. Cette
image fort commune a sans doute remplacé une statuette
précieuse, qui a disparu avec les autres trésors de l'église.

La dévotion populaire se manifestait particulièrement
par des dons de cierges. Un enfant était-il malade? La mère,
après avoir vainement essayé de tous les remèdes hu-
mains, tournait ses regards vers Notre-Dame de Roc-Amadour, et réclamait son assistance. Pour se la rendre propice,
elle se hâtait de pétrir une masse de cire d'un poids égal à
celui de son fils mourant, et on formait un cierge destiné

à brûler devant l'autel de la chapelle. Des infirmes, des paralytiques faisaient vœu de porter au sanctuaire des cierges de la grosseur du membre dont ils imploraient le rétablis-

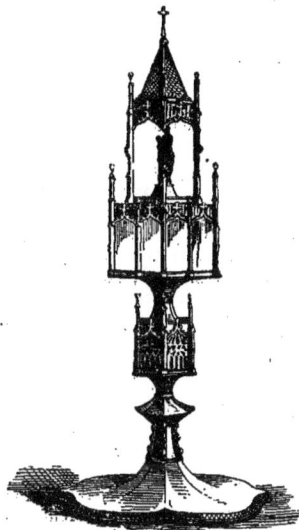

sement (1). Des personnes dont les prières avaient été exaucées, présentaient annuellement un cierge, en signe de reconnaissance. Aussi les cierges affluaient-ils à la sainte chapelle, et les gardiens chargés de les recevoir, avaient peine à trouver assez de place pour les appendre dans l'enceinte.

(1) Hugo Farsitus, pars 2ª, cap. 56-57 *et passim*.

8

Un jour Marie accorda un de ces cierges à la prière d'un ménestrel qui avait chanté avec ardeur ses louanges. Nous allons traduire de Hugues Farsit le récit naïf et poétique de ce miracle (1).

« Pierre Vierni de Sigelar gagnait sa vie en chantant sur la vielle. Il avait la coutume d'entrer dans les églises, et, après y avoir offert ses ferventes prières, il faisait résonner les cordes de son instrument, en célébrant les louanges de Dieu. Il prolongea un jour son pieux exercice dans la basilique de la bienheureuse Marie de Roc-Amadour; il ne donnait aucun repos aux cordes de sa vielle, et de temps en temps il joignait aux accords sa voix mélodieuse; puis, élevant les yeux : O ma Souveraine, disait-il, si mes cantiques et mon harmonie vous sont agréables, s'ils ont plu à votre divin Fils, mon Seigneur, veuillez faire descendre et me donner un des cierges ici suspendus, qui sont si nombreux et de si grand prix. Or, pendant qu'il priait ainsi en s'accompagnant de sa vielle, tous les assistants virent un cierge descendre sur son instrument. Le moine Gérard, gardien de l'église, l'accusant de sortiléges et d'incantations, saisit le cierge avec indignation et le remit à sa place. Mais Pierre, attentif à l'œuvre divine, ne cessa pas un instant ses accords; et voilà que le même cierge fut doucement déposé sur lui. Le moine, contenant à peine sa colère, le reprit et l'attacha plus fortement. Mais Dieu, qui est toujours le même et qui ne connaît pas l'inconstance, renouvela une troisième fois le miracle. A cette vue, tous les assistants, saisis d'étonnement, élevèrent leurs voix vers le ciel pour louer le Seigneur. Et le ménestrel, versant des larmes de joie et se livrant aux transports de sa reconnaissance, rendit le cierge qu'il venait de recevoir, à Celui qui le lui avait miraculeusement donné. Il continua, pendant le reste de ses jours, à exalter la bonté divine et à rappeler

(1) Hugo Fars., pars 1ª, cap. 34.

le prodige, en offrant chaque année à la glorieuse Vierge
de Roc-Amadour un cierge semblable, mais plus pesant
d'une livre » (1).

---

(1) C'est évidemment le texte que nous venons de traduire qui a inspiré
à Gauthier de Coinsy son poème intitulé : *Du cierge que Notre-Dame de
Roc-Amadour envoya sur la vièle du menestrel qui viélait et chantait
devant sy image.* Son début indique clairement le recueil de miracles écrit
par le chanoine de Laon :

> La douce mère du Créateur,
> A l'église, à Rochemadour
> Fait tants miracles, tants hauts faits
> C'uns moultes biax livres en est faits.

Gauthier de Coinsy, né à Amiens en 1177, moine de Saint-Médard de
Soissons en 1193, prieur de Vic-sur-Aisne en 1214, et enfin abbé du
même Saint-Médard de Soissons en 1236, était un des plus célèbres poètes
de son temps.

VI

L'Eglise Saint-Sauveur

La chapelle miraculeuse était autrefois entièrement iso-
lée ; un couloir à ciel ouvert la séparait de l'église Saint-
Sauveur. Parmi les pierres tombales qui recouvraient cet
étroit passage, on remarquait la dalle funèbre d'une prin-
cesse anglaise qui, fidèle aux traditions ambitieuses de sa
race, y avait fait graver les lys de France.

La porte de l'église, communiquant avec la chapelle,
était extérieure, et son archivolte à billettes, maintenant
coupée par la voûte de la tribune, se développait librement.

Auprès de la porte se trouve un tombeau en forme de
chapelle ogivale, adossé au rocher. Aucune inscription ne
rappelle le nom du personnage qui gît sous ce gracieux
édicule ; mais nous savons par le témoignage d'Odo de
Gissey (1) qu'Antoine de Latour, vingtième évêque et vi-
comte de Tulle, voulut avoir son tombeau dans l'église où
il aimait tant à prier. Les ossements conservés dans ce
monument, sous un large drap mortuaire de soie violette,
sont évidemment ceux de ce pieux prélat, qui a voulu reposer auprès du vénéré sanctuaire jusqu'au jour de la
résurrection.

L'église est un vaste édifice de l'époque de transition.
L'architecture en est simple et sévère. Aucune sculpture,

(1) *Histoire de Roc-Amadour*, p. 24.

aucun ornement ne coupe ses lignes majestueuses. La largeur de ses arcs ne se dissimule pas même sous le luxe des moulures. C'est une masse imposante, d'un caractère éminemment religieux, qui imprime fortement le respect. Ses formes vigoureusement accusées, son énergie quelque peu lourde et massive s'harmonisent merveilleusement avec le roc grossièrement taillé, qui lui sert de mur dans le fond.

Deux piliers flanqués de huit colonnes engagées, et sur lesquels viennent reposer les retombées des voûtes, partagent l'église en deux nefs. A chacune de ces nefs correspond une petite abside circulaire en cul-de-four, ménagée dans l'épaisseur des larges murs du chevet. Le maître-autel se développe en avant d'une fenêtre en plein cintre, qui occupe le centre du chœur.

Ce partage de l'église en deux nefs semble singulier, maintenant qu'elle est tout entière livrée aux fidèles. Il était logique, alors qu'elle était desservie par des moines ou des chanoines qui y récitaient l'office divin. Une nef était occupée par leur chœur clôturé de chancels, l'autre nef restait libre pour la dévotion des pélerins qui assistaient à l'office et suivaient les prières. L'autel, placé dans une position centrale, permettait à tous de contempler les cérémonies liturgiques et de s'associer au saint sacrifice.

L'antique crucifix en bois placé entre les deux grands piliers est l'unique reste du chœur des moines, dont il surmontait la porte. Les pélerins qui montent à genoux les escaliers, viennent terminer leur dévot exercice devant cette vénérable image. Après avoir honoré dans son sanctuaire la Vierge médiatrice, ils rendent leur suprême hommage au Sauveur, qui est la source de toutes les grâces.

L'église Saint-Sauveur et le sanctuaire souterrain de Saint-Amadour qui ne forment, pour ainsi dire, qu'un seul édifice, ont dû être construits dans le XIe siècle, probablement par Bernard III, évêque de Cahors, qui pendant dix-huit ans, de l'année 1035 à l'année 1053, fit sa résidence à Roc-Amadour et y éleva de grands bâtiments (1).

(1) L'abbé de Fouillac.

Les ornements qui décoraient l'église Saint-Sauveur à l'époque où le pélerinage était florissant, avaient entièrement disparu : ce sanctuaire était nu et désolé.

A la toiture incendiée par les huguenots, on avait substitué à la hâte une couverture mal combinée, dont le poids tendait à écarter les murs. L'édifice avait cédé sous cette pression incessante, et les voûtes, en suivant son mouvement, s'étaient déformées et profondément déchirées. Pour remédier à cet état de choses si alarmant, on a dû rebâtir depuis les fondements les murs déversés, prendre en sous-œuvre et revêtir à neuf ceux que l'incendie avait calcinés. Sur ces bases solidifiées les voûtes ont été en partie reconstruites, en partie restaurées, et l'édifice a reçu une nouvelle toiture.

L'heureux achèvement de ce hardi et urgent travail a permis enfin de pourvoir à la décoration intérieure. Les murs et les piliers ont été recouverts de peintures dans le style du monument. Sur les voûtes ont été reproduites les principales scènes de la vie du divin Sauveur, auquel l'église est consacrée. Le long des murs ont été représentés en pied les personnages les plus célèbres que la dévotion a conduits à Roc-Amadour.

Quelques lambeaux de vitraux restaient encore aux fenêtres, ils ont été soigneusement relevés ; et de nouveaux vitraux calqués sur les anciens, jettent dans l'église une lumière colorée et de vifs reflets, qui la consolent de son deuil trop prolongé.

Chacun de ces vitraux aux nombreux personnages assis dans les médaillons ou courant sur les rinceaux, forme un tableau complet.

Le sujet de la verrière du chœur, ce sont les salutations. Au centre est Marie portant sur ses genoux son divin Fils ; autour d'elle s'empresse la hiérarchie céleste, pour la saluer en chantant ses louanges. Au sommet sont les anges Michel et Gabriel ; au-dessous, les patriarches représentés par Abraham, qui tient entre ses bras le bélier du sacrifice. David au nom des prophètes, saint Pierre comme prince des apôtres, saint Etienne pour les martyrs, saint Amadour pour les confesseurs, sainte Catherine pour les vierges, sainte Véronique pour les saintes femmes, offrent leurs hommages à la Reine du ciel.

Le vitrail du nord a pour sujet l'arbre de Jessé. Du sein de ce patriarche s'échappe une tige qui s'élève en développant ses luxuriants rameaux, sur chacun desquels est un des rois d'Israël. Au sommet de la tige s'épanouit, comme une fleur gracieuse, la Vierge annoncée par les prophètes, la Vierge Mère du Sauveur.

Le vitrail du midi est consacré à l'église universelle. Au sommet est Jésus ; sur sa tête plane le Saint-Esprit. A ses pieds est l'Eglise assise sur un trône, comme une reine ; le sceptre est entre ses mains, elle a le front ceint d'une couronne. Les autres panneaux représentent Marie, auprès de laquelle les premiers fidèles se sont groupés, comme autour d'une mère ; puis saint Pierre, vicaire de Jésus-Christ, et saint Paul, apôtre des nations. Leurs collègues, échelonnés sur les rinceaux, se pressent autour des principaux personnages. Au bas est la Synagogue, qui a refusé la lumière, et dont les yeux sont couverts du bandeau de l'erreur. Elle a perdu toute sa gloire ; elle est tombée. La couronne s'échappe de sa tête, et son étendard, dont la hampe brisée est encore dans sa main, gît à terre sans honneur.

Qu'elle est belle l'église Saint-Sauveur, lorsque, à l'époque des grandes réunions, une multitude pieuse et recueillie se presse dans son enceinte. Les confessionaux qui garnissent son pourtour, sont constamment assiégés par les fidèles. Le saint sacrifice est offert sans interruption sur ses autels ; et, à la table sainte, les ministres sacrés ne cessent de distribuer le pain eucharistique. Les chants liturgiques, les cantiques populaires émeuvent les cœurs, les prédicateurs communiquent aux âmes l'ardeur et le zèle dont ils sont animés. La foi et la piété se montrent au grand jour, elles s'épanouissent dans toute leur ferveur.

Hélas ! Ils sont trop courts ces jours de retraite et de prières, qui rendent à Roc-Amadour la vie et l'animation dont, pendant des siècles, il a montré le spectacle non-

interrompu. La foule écoulée, l'antique église canoniale
rentre dans son silence habituel, qui ne cesse que pendant
les offices paroissiaux du dimanche.

Ah ! Quand s'accomplira la belle et religieuse pensée de
Monseigneur l'Evêque de Cahors? Quand verra-t-on un
nombreux clergé prendre place dans les stalles réta-
blies, et reprendre la récitation publique et quotidienne
de l'office divin? Quand cet office sera-t-il suivi, comme
jadis, de la visite à la chapelle et du chant solennel d'une
des antiennes consacrées par l'Eglise? Quand revivront
les vieux usages, les cérémonies traditionnelles, les pro-
cessions votives, qui nourrissaient et ravivaient sans cesse
les pieux sentiments de nos ancêtres?

Les restaurations qui se poursuivent avec activité, sont
d'une grande importance sans doute; mais ces réparations
matérielles ne suffiront pas pour rendre à Roc-Amadour sa
première vie, son ancien éclat. Le pélerinage ne sera
réellement relevé de ses ruines, que lorsque la prière
quotidienne sera rétablie dans sa vénérable église, que
lorsque l'office public retentira de nouveau sous ses
voûtes séculaires.

En sortant de l'église par le large portail orné d'une
triple arcature à colonnettes, et encadré par une archivolte à billettes, le visiteur remarquera une inscription en
langue romane, incrustée dans le mur. C'est le souvenir
d'une fondation qui, pour plus de sûreté, a été confié à
la pierre :

REMEMBRANSA: SIA: QUOD: AN
NO: DÑI: M: CC: LXXXX: VII: S: DE: BEL: IO
C: LAISHED: VI: SOLS: DE: RENDA: PER: SON
ANIVERSARI: AL: COVEN: DE: ROCAMADOR:
LOQUALS: ES: EN: LA: FESTA: BĪ: MARCELLI:
PAPÆ: AVE MARIA: GRÃ: PLENA: Z: CE

Qu'il soit mémoire que, l'an du Seigneur 1297, S. (Simon?)
de Beljoc (de Beaujeu) laissa six sols de rente au couvent
de Roc-Amadour, pour son anniversaire qui a lieu à la

9

fête du bienheureux Marcel, pape. Je vous salue, Marie, pleine de grâce, *et cætera*.

De l'autre côté du portail a été placée une inscription funèbre un peu fruste, écrite aussi en langue romane mêlée de latin :

IN NOMINE

NI . Z DE M

SCA MARIA : G

RAUT : DE LA VA

LADA IAS AISI :

AN · M · CC · XX · IX

A LA F^{sta} ’ BENEZ

ES DE   MARTS

Au nom du Seigneur et de la Mère de Dieu, Sainte Marie, Geraut de la Valade gît ici, l'an 1229, à la fête de saint Benezet de Mars.

Les dernières lettres du mot *festa* ont été tracées en petit caractère ; un espacement a été ménagé entre les mots de la dernière ligne, afin sans doute de graver sur la place libre les armes du défunt, qui ont été pourtant omises.

ÉGLISE SOUTERRAINE DÉDIÉE A St AMADOUR.

VII

Eglise souterraine de Saint-Amadour.

L'église Saint-Sauveur était exclusivement réservée aux offices canoniaux. L'église paroissiale est située au-dessous, et s'étend sous la double travée du sanctuaire. L'escalier qui y conduit, s'ouvre sur le plateau et est abrité par la rampe de l'église.

Ce sanctuaire est dédié à saint Amadour. Les reliques du saint fondateur du pélerinage y ont toujours été conservées. Cette église date de la même époque et est du même style que l'église supérieure. La sévère simplicité de son architecture, ses formes massives et quelque peu lourdes conviennent admirablement à un édifice souterrain, sur lequel reposent d'énormes constructions.

Un large pilier carré, se courbant en arc doubleau ogival, partage l'église en deux travées. Des colonnes engagées dans les angles supportent sur leurs larges chapiteaux simplement évasés et sans ornements, les arcs ogives qui dessinent la voûte et projettent à sa surface une vigoureuse saillie.

Cette église a reçu une restauration complète, que réclamait impéfieusement son état de délabrement. Les murs, à leur base, ont été revêtus de boiseries en chêne à arcatures romanes, sur lesquelles se détachent des confessionaux de même style. Un mobilier en calcaire fin et poli a remplacé les rétables vermoulus que l'humidité et l'abandon avaient rendus irréparables. Ce nouveau mobilier d'ailleurs, plus grave et plus sérieux, s'harmonise mieux, par sa matière et sa forme, avec l'édifice, qu'il complète sans en altérer le caractère ni en dissimuler les lignes.

Il n'a été conservé des anciennes boiseries que deux tableaux en relief dépourvus de tout mérite artistique, mais bien précieux, parce qu'ils confirment la tradition qui attribue à Zachée, sous le nom de saint Amadour, la fondation du pélerinage. Zachée y est représenté, d'abord sur le sycomore, puis recevant Jésus à l'entrée de sa maison.

Les surfaces plates des arcs ogives ont été décorées de rinceaux aux vives couleurs; et sur les panneaux triangulaires se développe, en huit tableaux, la vie du saint patron. Les inscriptions suivantes qui entourent les tableaux, en indiquent les sujets, et forment dans leur ensemble le résumé de cette intéressante légende :

1º *Zachée, parce qu'il était petit, ne pouvant voir Jésus au milieu de la foule, monta sur un sycomore. Jésus l'apercevant lui dit : Zachée, descends vite, je viens loger chez toi.*

2º *Zachée était disciple de Jésus. Véronique, sa femme, se mit à la suite de Marie. Ils furent persécutés pour la foi; mais un ange vint les délivrer de la prison où ils avaient été enfermés.*

3º *Un ange ordonne à Zachée et à Véronique de se mettre en mer, et de s'arrêter où le navire prendrait port, afin d'y servir Jésus-Christ et Marie sa sainte mère.*

4º *Leur navire vint aborder sur la côte du Médoc, au lieu appelé Soulac; ils y vécurent dans le jeûne et la prière. Saint Martial les y visita, et bénit un oratoire qu'ils avaient élevé à saint Etienne.*

5º *Saint Amadour* (Zachée), *sur l'ordre de saint Martial, alla à Rome auprès de saint Pierre. Sainte Véronique resta au pays bordelais, où elle trépassa. Saint Amadour, revenu à Soulac, y érigea deux monastères et se retira du monde.*

6° *Ce fut l'an 70 de la nativité de Notre-Seigneur, que saint Amadour choisit pour ermitage et retraite le rocher que l'on a appelé depuis Roc-Amadour. Ce rocher était alors inhabité et peuplé de bêtes féroces.*

7° *Les habitants du pays étaient presque sauvages ; saint Amadour les catéchisa et leur fit connaître la religion de Notre-Seigneur Jésus-Christ.*

8° *Saint Amadour érigea dans le rocher un autel en l'honneur de Marie. Cet autel si humble, mais depuis si glorieux, fut consacré par le B. Martial, apôtre, qui visita plusieurs fois notre saint dans sa retraite.*

Sur le mur du chevet est peint un vaste tableau, rappelant la mort du saint. Saint Amadour, dit la légende, fut saisi d'une fièvre aiguë. Il connut par révélation divine que sa mort approchait. Il se fit transporter dans la chapelle Notre-Dame, et il expira au pied de l'autel.

A gauche, dans l'attitude de la prière, est saint Martial, son ami. Au-dessus, Marie, entourée d'anges, intercède pour son fidèle serviteur à l'heure de sa mort. De l'autre côté, saint Amadour, qui vient de s'éteindre en récitant la salutation angélique, est soutenu par un esprit céleste. Un ange offre à Jésus, qui occupe le centre de la composition, l'âme du saint sous la figure d'un enfant.

Heureux emblème emprunté à la langue liturgique, qui donne au jour de la mort des saints le nom de nativité, *natalis dies.* La mort est en effet une véritable naissance, l'entrée dans une vie nouvelle. La forme enfantine affectée à l'âme nous enseigne, d'ailleurs, que notre corps subit dans la mort une glorieuse transformation, qu'il nous sera un jour rendu, paré de ses grâces natives, et qu'il ne portera plus les traces des douleurs, des travaux, des accidents de cette vie.

Les murs latéraux sont occupés par deux sujets, qui complètent la vie du saint. Dans la première travée est représentée l'invention du corps. L'inscription qui occupe le sommet du tableau, rappelle la date de cet heureux événement : *L'an 1166, le corps de saint Amadour fut retrouvé intact dans le tombeau où il reposait depuis sa mort. Il*

*fut levé de terre solennellement, puis déposé en la pré-
sente église, qui a été consacrée en son honneur.*

Saint Amadour et sainte Véronique, aux pieds de la sainte
Vierge, occupent le second tableau. Les deux saints portent
en leurs mains un souvenir de leurs œuvres, un témoignage
de leurs mérites devant Dieu. Saint Amadour présente
l'effigie de l'oratoire qu'il éleva en l'honneur de Marie ;
Véronique offre aux pieux regards le voile dont elle essuya
courageusement la figure du Sauveur.

Sur le grand arc qui sépare les travées, commence la série
des pélerins les plus célèbres de Roc-Amadour, et cette série
se développera sur les parvis des autres édifices sacrés.
C'est Roland, offrant à Marie un don d'argent du poids de
son épée ; vis-à-vis, ses compagnons d'armes rapportant
à Notre-Dame sa Durandal qu'il lui a consacrée. Plus
haut sont les plus anciens visiteurs de notre sanctuaire,
deux apôtres : saint Martial, de Limoges ; saint Sernin, de
Toulouse, qui sont venus ensemble visiter le solitaire du
roc. Auprès se trouve saint Dominique avec un de ses
plus anciens disciples, Bertrand de Garrigue, qui passèrent
une nuit en prières auprès de l'autel de Marie, en 1219.

Dans l'épaisseur du grand arceau, vis-à-vis la chaire, a
été ménagée une cellule voûtée, dans laquelle furent dé-
posées les reliques de saint Amadour. A travers les rinceaux
à jour de la porte, on peut apercevoir les murs du fond
noircis par la fumée. Ce sont les traces d'un drame sacri-
lège qui s'est accompli dans ce sanctuaire.

Le corps de saint Amadour avait été retrouvé intact dans
son tombeau. Il se conservait sans corruption au lieu où
il était exposé. Cette intégrité persistant depuis quinze
cents ans était proclamée au loin, comme un signe formel
de la protection divine. Dans les lieux les plus éloignés,
aussi bien que dans le Quercy, avaient cours des dictons
populaires qui rendaient témoignage de cette préservation
privilégiée : Ceci est entier, disait-on, comme le corps de
saint Amadour. Il est en chair et en os, comme saint Amadour.

Or, ce miracle permanent devait attirer la fureur des

huguenots, qui avaient juré d'abolir sur le sol de la France tout culte à Marie et aux saints. Après s'être emparés de Roc-Amadour et avoir mis au pillage les sanctuaires supérieurs, ils s'abattirent sur le lieu où reposaient les reliques vénérées. Ils en forcèrent la porte, et amoncelèrent du bois autour du corps, pour le détruire par le feu. Le corps avait résisté à la corruption, il résista aussi aux flammes. Leur rage ne connaît plus de bornes ; ils l'arrachent de son asile, ils le jettent sur un brasier allumé à l'entrée de l'église, ils le percent et le déchirent de leurs hallebardes. « Puisque tu ne veux pas brûler, s'écrie le capitaine Bessonias, je te briserai » ; et, se saisissant d'un marteau de forgeron, il le frappe à coups redoublés.

« J'ai parlé, dit Odo de Gissey (1), à un homme qui avait souvenance de ce triste spectacle, et qui confirma qu'on voyait sur la face du saint encore la barbe. Les os de ce saint sont à présent gardés en l'église et paroisse de Roc-Amadour, desquels j'ai vu et touché quelques-uns noircis des flammes, mais tout entiers. Au bout d'un bras auquel est encore jointe la main, non entière, j'ai vu un doigt brisé, où paraît du sang aussi vermeil qu'il pourrait être en un corps tout fraîchement entamé. »

Après le départ des huguenots, les chanoines qui avaient survécu, recueillirent en effet dans les cendres les ossements de leur saint patron, et les placèrent, non dans leur premier asile si horriblement profané, mais dans un reliquaire en bois doré, qu'ils exposèrent à la piété des fidèles, en avant du pilier. Ce reliquaire, souvenir de leur généreuse dévotion, contient encore les pieuses reliques. Il a été soigneusement restauré, et il occupe la place d'honneur au-dessus de l'autel. C'est là que les pèlerins, après avoir offert leurs hommages à la Reine du ciel, viennent rendre honneur au premier solitaire des Gaules, au zélé propagateur du culte de Marie dans nos contrées.

A la suite de l'église, existe une vaste salle voûtée. C'était

(1) *Histoire de Roc-Amadour*, page 15.

une grande citerne où venaient se réunir les eaux pluviales. Un conduit en terre cuite la mettait aussi en communication avec la fontaine Notre-Dame, qui y versait son mince tribut. Une ouverture pratiquée derrière l'autel, permettra d'utiliser cette salle et d'y établir une belle sacristie.

Par une petite porte placée auprès du sanctuaire, on descend dans un chemin de ronde qui longe l'église à sa base. Ce passage était autrefois moins étroit, et son extrémité, plantée de treilles vigoureuses, portait le

nom de jardin de Saint-Amadour. En 1835, le rocher qui
portait cette luxuriante végétation se détacha tout-à-coup,
et écrasa dans sa chute une partie de la maison qu'il sur-
plombait. Cet accident n'eut pas plus de suites qu'il n'en
a d'ordinaire à Roc-Amadour : car aucun des habitants ne
fut atteint. Dussions-nous faire sourire les personnes
qui, jalouses à l'excès de la dignité de Dieu, ne veulent pas
permettre à sa providence paternelle de s'étendre à d'aussi
petits détails, nous dirons que la chute des rochers et la
ruine des maisons n'ont pas été rares dans un lieu si
abrupte et si longtemps délaissé, et que néanmoins il
est inouï qu'elles aient causé quelque malheur.

Les anciens citent avec reconnaissance deux événements
où la protection de Marie leur parut manifeste. Une ran-
gée de maisons dont le dernier étage s'élevait au-dessus
de la place supérieure, bordait le grand escalier. Un jour
toutes ces maisons s'écroulèrent subitement, et couvri-
rent de leurs débris l'escalier et la rue. Or les maisons se
trouvèrent vides, la rue et l'escalier étaient déserts. Le
presbytère, dont les gracieuses ruines se voient encore
auprès de l'escalier, fut écrasé et enseveli sous les décombres. Le curé, qui se trouvait à table en ce moment, n'é-
prouva aucun mal, et on le retira, au moyen d'échelles,
du coin d'appartement où il était resté sain et sauf.

Le vaste château *de la Charette,* qui projetait sa gigantesque façade jusqu'au pied de l'escalier, laissa tomber
en plein jour son pignon sur la rue; il n'y eut non plus
aucun accident à déplorer.

10

VIII

Chapelles de Sainte-Anne et Saint-Joachim, de Saint-Blaise et de Saint-Jean, de Saint-Jean-Baptiste.

Dans l'enceinte du pélerinage sont groupés sept sanctuaires dont les autels sont privilégiés et enrichis d'indulgences.

Nous avons visité les principaux de ces sanctuaires ; il nous reste à décrire les chapelles qui s'ouvrent sur le plateau de l'église.

De la chapelle Sainte-Anne et Saint-Joachim, qui s'appuie sur le chevet de l'église, il ne restait qu'une porte ogivale fort simple et quelques pans de murs s'émiettant sous l'action de la pluie et du froid. Les substructions qui allaient à dix mètres de profondeur chercher un appui sur une saillie du rocher, percées imprudemment sur plusieurs points, lézardées dans tous les sens, menaçaient de tomber sur le village qu'elles dominent. Tout l'édifice a été reconstruit depuis le fondement, dans le style du XVᵉ siècle. Le portail actuel a été pris dans les ruines de l'hôpital-Beaulieu, aujourd'hui appelé hôpital-Issendolus. C'est un des derniers restes de cette magnifique abbaye fondée par les seigneurs de Themines, et donnée vers la fin du XIIIᵉ siècle aux chevaliers de Saint-Jean-de-Jérusalem, pour y établir un couvent de femmes de leur ordre.

La seconde chapelle a été dédiée à Saint-Blaise, évêque

de Sébaste, en Arménie. Le corps de ce saint martyr, très-
vénéré chez les Grecs, fut apporté en Occident à l'époque
des croisades, et Roc-Amadour eut une large part do ses
reliques. Ce fut sans doute pour recevoir avec honneur cé
précieux dépôt, et pour répondre à la dévotion toujours
croissante des peuples envers saint Blaise, qu'on érigea le
monument qui porte son nom.

Les saints ossements ont été heureusement conservés. On
les replacera un jour dans la châsse émaillée qui les a si
longtemps abrités, et on les exposera à la vénération des
fidèles.

Au nom de saint Blaise, attribué à cette chapelle, Monseigneur Bardou à joint celui de saint Jean, apôtre. Sa
Grandeur, en se chargeant de la restauration de ce sanctuaire en l'honneur de son glorieux patron, donne à Roc-
Amadour une nouvelle preuve de son généreux dévouement.

La chapelle de Saint-Blaise appartient au XIII⁰ siècle.
Quelques détails de son ornementation décèlent le style
de cette époque; mais l'ensemble porte l'empreinte bien
prononcée de l'architecture romane, dont l'influence sub-
sista longtemps dans les contrées méridionales, alors
qu'elle était abandonnée dans le nord de la France. Les
violettes épanouies sur les chapiteaux, d'un côté du portail, la végétation sculptée sur les culs de lampe qui
soutiennent les retombées des voûtes, sont des essais
timides de l'art nouveau. Les moulures du portail, qui
continuent dans les voussoirs, les profils des pieds-droits
à gorge et des colonnes cylindriques, les tores qui font
saillie sur les arcs des voûtes, sont l'expression de l'art
ancien qui domine la construction.

La chapelle Saint-Jean-Baptiste fut fondée en 1516 par
« noble et puissant religieux, frère Jean de Valon, chevalier
de l'ordre de Sainct Jean de Hierusalem, commandeur, etc.,
lequel estant meu de dévotion envers la dévote église et
magnifique oratoire Nostre-Dame de Roque-Amadou, où
touts les jours on faict le service divin, le sus nommé de
Valon estant, pour ce faire, dispensé et authorisé de sa

Saincteté, dona et fonda à perpétuité aux vénérables prébandiers de la dite église et oratoire la somme de cinq cens
livres à luy deües par noble Barthelemi de la Garde, seigneur de Sanhes, pour laquelle somme le dit seigneur de
Sanhes luy avait affecté le repayre et moulin de Langlade,
comme appert par obligé retenu par Barthelemi Darnits
notaire de Gramat en datte de 1514, 3 juin, pour icelle
somme prendre, lever et exiger sur ledit seigneur de Sanhes
conformément au dit contract.

« Veut et ordonne ledit fondateur que les prébandiers
qui sont et seront à l'avenir, soient tenus de dire et chanter
en la chapelle de Sainct Jean-Baptiste de Nostre-Dame de
Roque-Amadou, ancienne maison du Réverendissime Eves-
que de Tulle, abbé et administrateur perpétuel de la dite
Église de Roque-Amadou, laquelle est appelée la chapelle
de la maison de Monsieur de Valon de Tégra.

« Dans laquelle chapelle le dit fondateur ordonne estre
célébré une messe haute de *requiem* avec note, avec
l'absolution généralle, aussi à haute voix, touts les
lundis de chasque sepmaine. Et une autre messe de Nostre-Dame selon le cours du temps, à haute voix avec
l'antienne et oraison touts les sabmedis de chasque sepmaine à perpétuité.

« Icelles messes à l'honneur de Dieu, de Nostre-Dame,
de sainct Jean-Baptiste et l'Evangéliste et de touts les
saincts et sainctes de Paradis, pour la rémission de ses
péchés, de ses parents et bienfaiteurs.

« Veut et ordonne le dit testateur Jean de Valon, estre
ensevely dans la dite chapelle en cas il décède en Quercy.

« L'an 1516, 16 juillet, vénérable Jean Albert et Bernard
La Croix prestres et prébandiers du dit oratoire, syndics l'an
présent, et autres prébendiers dudit oratoire cy dedans
nommés, assemblés au son de la cloche, estant certifiés
de ladite fondation, acceptèrent icelle et promirent tenir et
accomplir le contenu en icelle et n'y contrevenir, moyen-
nant le dit légat, donation et somme de 500 livres » (1).

(1) Communiqué par Mme la comtesse de Valon.

.Sur un des murs intérieurs de la chapelle, on voit un
enfeu couronné d'un fronton garni de choux rampants.
La pierre découpée qui occupait le tympan a été brisée,
sans doute pour arracher le blason qu'elle devait porter.
C'est là le tombeau que s'était réservé le noble religieux
dans l'acte de fondation.

Son désir a-t-il été accompli? A-t-il fini sa carrière à
Roc-Amadour, où il venait volontiers se délasser des fati-·
gues de la guerre? Son corps repose-t-il près de l'autel où,
pendant des siècles, le saint sacrifice a été offert pour lui et
pour sa famille? On l'ignore.

Un fragment de cotte-de-mailles trouvé sur la dalle lui
a sans doute appartenu. Serait-ce un *ex-voto* qu'il aurait
apporté lui-même en reconnaissance de la protection signa-
lée de Notre-Dame; ou bien un débris de l'armure qui aurait été déposée sur sa tombe? On l'ignore de même.

De nombreux liens rattachaient du reste la famille de
Valon au pélerinage de Roc-Amadour. Déjà au XIIᵉ siècle,
une dame de Valon était venue remercier la · Sainte ·
Vierge d'une insigne faveur, et ce pélerinage de reconnaissance était signalé par un nouveau miracle que ra-
conte ainsi le chanoine Farsit : « Blessée par les ennemis
du pays, la Dame de Valon, comme Lazare que le Seigneur
éveilla du sommeil de la mort, reposa, dit-on, dans le
tombeau. En étant sortie par la protection de la glorieuse Vierge de Roc-Amadour, elle venait à son église pour y
offrir ses prières. Or un jeune homme à l'esprit per-
vers, de conduite vicieuse, mais vigoureux de corps et
élégant dans ses manières, se joignit à elle pour qu'elle
fournît à sa nourriture pendant le voyage. La dame, distin-
guée par sa noblesse et sa générosité, renommée par ses
moyens et son désir de faire le bien, agréa ses services.
Il se disposait, au contraire, à rendre le mal pour le bien, et
attendait une occasion favorable pour enlever à la dame
ses vases d'argent. Et comme à ses mauvais desseins il
joignait le désir de les exécuter, un soir que, fatigués de
leur voyage, il étaient arrives à Userchef (Luzech ou
Usech ?), ce méchant jeune homme déroba de la valise de

la dame trois vases précieux et quatre-vingts sous; puis,
feignant d'avoir quelque chose à faire dans le village, il
sortit de l'hôtellerie. Toute la nuit il erra çà et là, sans
trouver son chemin. La dame donna des signes pour le
reconnaître, on le chercha de tous côtés; il fut enfin ren-
contré et ramené. Il n'avait pu ni fuir, ni s'éloigner; car la
bienheureuse Vierge avait retenu ses pas. Rien n'avait été
détourné de l'argent qui avait été confié à la fidèle garde de
la fidèle Reine. Alors la dame, faisant éclater sa reconnaissance envers le Seigneur, répétant à haute voix les louanges de la Vierge, amena avec elle le jeune homme à l'église
de Roc-Amadour, pour le remettre à la bonne Mère. Mais
la Médiatrice de Dieu et des hommes, la Mère de celui
qui a porté les péchés du monde, qui ne veut pas la
perte des méchants, mais leur conversion, le délivra de
ses liens et lui rendit la liberté. »

La famille de Valon avait de nombreuses propriétés à
Roc-Amadour. Des actes de vente conservés dans les archives de la famille mentionnent l'aliénation de plusieurs
maisons situées dans le village. Elle était aussi en pos-
session d'un droit sur la vente des sportelles, dont elle
partageait le produit avec l'évêque de Tulle, abbé et administrateur de Roc-Amadour. Ce droit lui avait été concédé
probablement en retour de services militaires.

En 1423, l'évêque de Tulle, assisté de son chapitre, reconnaît ce droit à noble Jean de Valon, seigneur de
Thégra.

Par un acte passé le 11 juin 1468 à Roc-Amadour, sur
la place Saint-Michel, frère Othon de Chalo, agissant en
vertu d'une procuration de Monseigneur Denys de Bar,
évêque de Tulle et de son chapitre, déclare en présence de
noble Antoine de Valon, seigneur de Thégra et de nombreux témoins, que de tout temps (ab omni œvo) la
famille de Valon a été en droit de vendre la moitié des
signes en plomb ou en étain sur lesquels est imprimée
et figurée l'image de la glorieuse Vierge Marie, ou du
moins de percevoir et d'exiger la moitié du produit de la
vente de ces signes, faite par ledit Seigneur évêque ou

par un mandataire de son choix. D'accord avec noble
Antoine de Valon, frère Othon de Chalo donne la régie
de cette vente à Guillaume Sabatier, prêtre et habitant de
Roc-Amadour, qui s'engage à agir dans l'intérêt des deux
parties et à leur rendre un compte bon et loyal (1).

Les signes ou sportelles de Roc-Amadour portaient
l'image de Notre-Dame. C'était le sceau même de l'église,
Sigillum beatæ Mariæ Rupis Amatoris. L'évêque de
Tulle seul, comme administrateur perpétuel, avait le
droit de les distribuer et d'en recueillir le profit, qu'il
partageait avec la famille de Valon. Toutefois, malgré
des défenses réitérées, les habitants du village en faisaient un commerce clandestin. Ils vendaient en même
temps une médaille représentant la Véronique; mais cette
image n'avait pas la même créance que la sportelle offi-
cielle.

En 1425, pour soulager la misère qui pesait sur le
pays, l'évêque se dépouilla de son privilège en faveur

(1) Renseignements puisés dans les archives de la famille de Valon de
Saint-Priest.

des habitants, et leur permit de vendre librement les sportelles à leur profit pendant l'espace de deux ans (1).

Les sportelles étaient des médailles en plomb ou en étain dont les pèlerins avaient soin de se pourvoir, pour les fixer à leur chapeau ou au camail qui couvrait leurs épaules. A chaque sanctuaire qu'ils visitaient ils demandaient sa sportelle particulière, à Saint-Jacques-de-Compostelle sa coquille, et ces signes réunis en ordre sur leur pèlerine retraçaient fidèlement leur pieux itinéraire.

La sportelle était pour le pèlerin plus qu'un objet de piété, plus qu'un souvenir religieux ; c'était un sauf-conduit qui le mettait à l'abri de tous les dangers, une marque distinctive qui le faisait vénérer partout et lui assurait une cordiale hospitalité. Muni de la sportelle, il devenait une personne sacrée ; il pouvait, en temps de guerre, traverser impunément les camps ennemis. En 1399, malgré les hostilités qui désolaient le Quercy, le pèlerinage de Roc-Amadour était fréquenté comme à l'ordinaire. Français et Anglais respectaient également, à leur allée et à leur retour, les visiteurs de la sainte chapelle. Un Anglais fait prisonnier par la garnison de Cahors fut mis en liberté, aussitôt qu'on l'eut reconnu comme pèlerin de Roc-Amadour (2).

Donner l'hospitalité aux pèlerins était une œuvre de miséricorde. Châtelains et manants étaient heureux de participer à leurs mérites, en les assistant dans leur sainte entreprise. Aussi tous les foyers étaient-ils ouverts aux voyageurs sacrés, qui d'ailleurs charmaient les longues veillées par leurs merveilleux récits.

Trois sportelles de Roc-Amadour sont conservées au musée de l'hôtel Cluny. Une quatrième est entre les mains de Mme la comtesse de Valon, qui a bien voulu nous permettre de la reproduire.

(1) L'abbé de Fouillac. *Chron. manusc. du Quercy.*
(2) L'abbé de Fouillac.

11

IX

Edifices en ruines. — Maison à Marie.

En entrant dans l'enceinte par le large portail qui est appelé *Porte du fort,* on aperçoit, à droite et à gauche, le long
des escaliers, des édifices ruinés. On en a muré les baies,
afin d'y mettre les décombres dont ils sont remplis. Un
grand arceau s'élève hardiment au-dessus des escaliers, et
supporte deux étages de fenêtres à triples baies séparées par
des colonnettes. Ce sont les restes du palais de l'évêque de
Tulle. Là furent gracieusement accueillis les nombreux
prélats qui visitèrent Roc-Amadour : le légat du pape,
Arnaud Amalric, pendant l'hiver qu'il y passa tout entier
en 1211 ; le saint martyr Engelbert, archevêque de Cologne,
deux fois pélerin de Roc-Amadour ; les évêques de Cahors
toujours dévoués au saint oratoire, dont ils avaient confié
le soin aux abbés de Tulle, et une foule d'autres pieux pon-
tifes attirés par la célébrité de l'antique pélerinage.

Elle est entièrement renversée, cette hospitalière demeure si riche en précieux souvenirs. Elle n'offre plus aux
regards attristés que quelques pans de murs sur lesquels
s'étalent des touffes de capillaires et des bouquets de giro-
flées.

Une seule partie en a été utilisée ; c'est une salle basse
qui était presque sans jour. Elle a été largement ouverte et
forme un magasin, où les pieux visiteurs peuvent se pro-

curer toutes sortes d'objets religieux. Ce magasin est géré
par les sœurs de Notre-Dame du Calvaire. C'est là une
œuvre toute désintéressée, toute de dévouement; car le
produit de la vente est consacré sans réserve aux réparations. Ainsi, en faisant leurs provisions d'objets de piété,
en se munissant d'intéressants souvenirs de leur visite, les
pélerins ont la consolation de contribuer indirectement à la
restauration des sanctuaires.

Outre le palais de l'évêque de Tulle, l'enceinte sacrée
contenait au nord et au midi de vastes habitations, qui
s'appuyaient contre les sanctuaires. Des portes de communication ouvertes dans les édifices existants, des trous
creusés dans le rocher pour recevoir des têtes de poutres,
prouvent l'importance et la hardiesse de ces édifices dis-
parus.

C'est dans ces bâtiments, groupés autour des oratoi-
res, que se trouvaient les cellules des religieux bénédictins,
fidèles gardiens du sanctuaire de Marie; et que, plus tard,
après la sécularisation de l'abbaye, furent disposés les
appartements des chanoines, leurs successeurs dans cette
sainte mission. On avait dû y ménager aussi des logements
pour les nombreux serviteurs attachés au pélerinage, et
pour la garnison qui veillait à sa défense, en temps de
guerre.

Un édifice entièrement isolé se dressait dans les anfrac-
tuosités de l'immense rocher. C'était l'ermitage où de fervents imitateurs de saint Amadour perpétuaient ses vertus
et ses œuvres.

Sur les saillies inégales du roc était tracé un étroit et
périlleux sentier, qui seul donnait accès au pittoresque
ermitage. Une corde tendue à des anneaux qui sont encore
scellés dans la pierre, prêtait un appui nécessaire pour
franchir ce passage effrayant.

Le paisible asile où les serviteurs dévoués de Marie, sé-
parés du monde et comme suspendus entre le ciel et la
terre, coulaient des jours heureux dans la prière et le
jeûne, n'a pu échapper à la dévastation et à l'incendie. Il
était complètement détruit, et quelques restes de fonde-

·ments, quelques pierres encore attachées aux rochers
étaient les seuls vestiges de sa grandeur passée.

Monseigneur Bardou a relevé ces vénérables ruines. Par
ses soins, une maison consacrée à la glorieuse Vierge dont
elle porte le nom, *Maison à Marie,* a pris la place de
l'antique ermitage, qui est devenu une maison de paix
et de retraite. Les personnes désireuses de ·passer quelques jours dans le recueillement, y trouvent un asile assuré
contre le bruit et les distractions du monde.

Et quelle maison fut mieux adaptée à une si sainte destination ? Là tout inspire de salutaires pensées, tout porte
aux profondes méditations. L'étrange position des cellules
que le roc supporte et recouvre, au-dessus de la profonde vallée où l'œil plonge avec effroi ; l'aspect du capri-
cieux et sévère rideau de rochers qui borne l'horizon ; le
silence et la solitude que les bruits du village ne peuvent troubler, tout dispose l'âme au recueillement par
de sérieuses émotions. Le souvenir des fervents anacho-
rètes qui choisirent cette retraite austère et la sanctifièrent
par une vie de règle et de piété, éveillent l'amour de la
prière et des pratiques de dévotion. Le voisinage du célèbre oratoire où Dieu s'est plu à faire éclater la gloire de
sa sainte Mère en opérant tant de miracles et en prodi-
gant des trésors de grâces, inspire aux pécheurs une douce
confiance, aux cœurs purs un redoublement de zèle et
de dévouement.

Heureux ceux qui peuvent, à l'ombre de ces rochers,
venir retremper leur âme dans la prière et les saintes
méditations. Les jours écoulés auprès de l'autel privilégié
de Roc-Amadour, laissent dans les âmes des impressions
profondes, un souvenir toujours vivant, toujours fécond,
que rien ne saurait effacer.

Le soin de la Maison à Marie a été confié aux religieuses de Notre-Dame du Calvaire. Le service de la
table, pour les personnes qui n'apportent pas leurs provisions, est fait par les maîtres-d'hôtel du village.

Vue du Château de Roc-Amadour

X

Le Château.

Roc-Amadour avait au moyen-âge une trop grande importance stratégique, pour être laissé sans défense à la merci des partis qui guerroyaient dans la contrée. D'ailleurs, les trésors que renfermait la sainte chapelle eussent tenté la cupidité, et devaient être mis à l'abri d'un coup de main. Aussi les abords de la ville étaient-ils protégés par des fortifications. Des portes crénelées coupaient les rues. Le grand escalier était défendu à sa base par le château de la Charrette, et commandé par un fort, au-dessus du grand portail de l'enceinte.

Pour compléter la défense et garantir les sanctuaires de toute atteinte, un château fort fut bâti au sommet du roc qui les domine. Ils étaient protégés, de plus, par de larges murailles s'avançant jusqu'à l'extrême bord du précipice.

Cette construction si fièrement posée et dont la masse imposante couronne noblement le rocher sur lequel s'échelonnent les édifices religieux, n'avait été élevée que dans un but militaire. Aucun logement n'y avait été disposé. C'était une forte enceinte entourée de fossés et flanquée de tours. Un donjon massif en occupait le centre et offrait à la garnison, si elle était débordée, un asile inexpugnable.

Les troupes chargées de la défense de Roc-Amadour étaient probablement établies auprès des sanctuaires, et

pouvaient de là, au premier signal, se porter sur les points
menacés. Un escalier intérieur et hors de la portée de l'en-
nemi, leur offrait une communication sûre et facile avec
le château.

Suivons cet escalier, vrai monument de hardiesse et de
patience, et gravissons les deux cent trente-six marches
dont il se compose. Roc-Amadour et sa verte vallée, con-
templés du haut des remparts, nous dédommageront largement des fatigues de l'ascension.

Une rampe tournante s'ouvre dans un angle de la sacristie, et s'élève jusqu'aux voûtes de l'église. Après avoir jeté
un coup-d'œil sur la belle et vaste charpente qui a été
nouvellement construite, montons le long du rocher jusqu'au dessus des combles. Là, l'escalier qui, un instant,
s'était développé au grand jour, pénètre tout-à-coup dans
le roc et n'est plus éclairé que par une fissure naturelle.
C'est au pic et au marteau que son passage a été creusé;
c'est dans le vif que ses marches sont taillées. Quelle cou-
rageuse persévérance ont dû déployer les travailleurs qui,
à une telle élévation, ont si profondément fouillé le calcaire
dur et résistant !

Continuant à s'élever entre deux parois de roc entaillé,
l'escalier passe par un grand arc ogival sous l'enceinte fortifiée, et aboutit au plateau supérieur.

Nous voici au centre de l'ancien château fort; mais des
constructions modernes nous cachent la plus grande partie
de ses puissantes murailles. A l'abri des remparts demeu-
rés intacts, un château a été bâti, élégant et gracieux dans
ses formes, quoique peu en harmonie par son architecture
et sa blancheur avec les édifices qui l'enveloppent de toutes
parts. C'est là un monument de reconnaissance et de dévouement élevé en l'honneur de Marie par le R. P. Caillau,
de la société des missionnaires de France.

Ce prêtre plein de zèle pour le salut des âmes, avait usé
sa vie dans les fatigues de la prédication et dans une appli-
cation constante aux études sérieuses.

Attaché à l'œuvre des missions, il n'avait cessé, de 1819 à
1824, de faire entendre sa parole douce et persuasive dans

les principales églises de Paris et dans plusieurs villes de province. Pendant les intervalles des grandes stations, il se délassait en prêchant aux communautés religieuses, aux maisons d'éducation, les retraites annuelles et les exercices préparatoires à la première communion.

L'église patronale de Sainte-Geneviève confiée à la société des missions de France était devenue un foyer de piété, un centre d'associations diverses, qui faisaient refleurir la foi et la pratique religieuse dans toutes les classes de la société. Le P. Caillau, placé en 1826 à la tête de cette féconde organisation, y déploya toutes les ressources de son zèle ingénieux, toute l'ardeur de son âme passionnée pour le bien. Sa direction habile et dévouée imprima à toutes les œuvres de Sainte-Geneviève une vie nouvelle, un plus généreux élan.

Les travaux de l'apostolat ne suffisaient pas à son activité infatigable. Tout ce qu'il pouvait prélever de temps sur ses occupations journalières, il le consacrait à l'étude approfondie des Pères de l'Eglise, à la publication d'ouvrages précieux.

Mais au milieu de tant de fatigues, ses forces s'épuisèrent; sa santé, gravement compromise, l'obligea à un repos que ses habitudes laborieuses lui rendaient bien pénible.

Alors un de ses confrères de la mission lui parla de Roc-Amadour, et des grâces obtenues dans ce célèbre sanctuaire par l'intercession de Marie. Le P. Caillau avait toujours eu pour la Sainte Vierge une tendre piété. Il vint se jeter à ses pieds, réclamer son secours, et sa confiance fut récompensée par une prompte guérison. Ses forces lui furent rendues, et il put les consacrer encore à la gloire de Dieu.

Laissons-le nous dire lui-même et l'amertume de sa douleur et l'abondance des consolations dont il fut inondé.

« Frappé dès l'entrée presque de ma carrière, comme ce jeune monarque de l'Ecriture, qui gémissait de se voir ravi tout d'un coup par une mort prématurée aux pieux desseins qu'il avait formés pour la gloire du Seigneur, je pouvais répéter avec lui : Mon Dieu, c'est donc au milieu de mes jours que je descendrai aux portes de l'abîme; j'ai cherché

12

vainement le reste de mes années. J'ai dit : Je ne verrai
plus le Seigneur dans la terre des vivants ; le genre humain
va disparaître à jamais devant moi. Qu'est devenue mon
existence? Vous me l'avez enlevée, ô mon Dieu, comme
on replie dans la campagne la tente légère du berger. Vous
avez, en un instant, rompu le fil de ma vie ; je ne faisais
que de naître, et je meurs ; semblable à la fleur d'un jour
qui éclot le matin, et le soir est déjà fanée (1).

« Ce n'est pas, ô ma bonne Mère, qu'un cœur chrétien
puisse regretter cette vie de misères et de larmes, où tout
est péril et dangers pour lui. Hélas ! plus les années s'ac-
cumulent, et plus il a sujet de répéter avec le même roi :
Je repasserai dans l'amertume de mon âme toutes les années de ma vie (2). Mais vous avouerai-je ma faiblesse?
Détaché par état, et, je l'espère, par sentiment de tous les
objets de ce monde, je tenais encore par quelques liens à la
terre ; liens sacrés, liens spirituels, liens célestes, qui m'at-
tachaient à l'Eglise et à ses enfants. Eh ! quoi, Seigneur, si
jeune encore, je vais donc cesser d'annoncer votre adorable
parole! Quoi ! Il ne me sera donc plus donné de faire reten-
tir de vos louanges les voûtes sacrées de vos temples !
Quoi ! Je ne pourrai plus exhorter les pécheurs à la pénitence, soutenir les faibles, réchauffer les tièdes, animer les
justes, fortifier les mourants dans leur dernier passage !
Quoi! Il faudra donc laisser à d'autres mains ces monuments de l'antiquité que nous voulions ressusciter pour
votre gloire ! Ces pensées étaient bien imparfaites, je
l'avoue, Seigneur, en votre présence ; mais je partageais
ces sentiments avec le saint roi dont je partageais les dangers ; et j'aimais à redire avec lui : Seigneur, donnez-moi
la vie, et je rendrai un témoignage public à votre gloire ;
vous m'avez établi comme le père d'une grande famille ; je
ferai connaître à vos enfants vos saintes et éternelles vé-

(1) *Isaïe*, XXXVIII, 10 et suiv.
(2) *Isaïe*, XXXVIII, 15.

rités. Mon Dieu, sauvez-moi, et nous chanterons vos miséricordes tous les jours de notre vie dans le temple sacré
de votre Eglise (1).

« C'est dans ces pensées, ô Marie ! que, conduit par les
mains d'une Providence bienfaisante, j'arrivai à l'ancienne
et miraculeuse chapelle de Roc-Amadour. Avec quelle joie
je montai les degrés qui conduisent à cet auguste sanctuaire ! Avec quelle ferveur je célébrai les saints mystères
sur votre autel ! Avec quel amour et quel respect je baisai
les pieds sacrés de votre image ! Avec quelle impatience
j'attendis le moment de revenir à votre auguste chapelle !

« Vous m'avez exaucé, ô ma bonne Mère; vous m'avez
rendu la force de proclamer vos louanges, et de travailler
encore au salut de vos enfants. Mais en fortifiant la faiblesse de mon corps, quel bien vous avez fait à mon âme !
Heureux moments que j'ai passés à vos pieds ! Comme alors
le monde n'était plus rien pour moi ! Quel recueillement !
Quel silence de l'âme ! Quels doux transports ! C'était
comme un feu sacré qui dévorait mon cœur ! Pourquoi ces
instants ont-ils été si rapides ? Puissé-je du moins ne les
oublier jamais ! Puissé-je ne cesser jamais de chanter vos
louanges et d'exalter vos miséricordes (2). »

En témoignage de reconnaissance pour sa miraculeuse
guérison, le P. Caillau prit l'engagement, qu'il remplit
avec bonheur chaque année jusqu'à la fin de sa vie, de se
rendre à Notre-Dame de Roc-Amadour, et de travailler à
remettre en honneur ce pieux pélerinage.

En 1835, avec le concours de M. Bonhomme, mission-
naire diocésain et fondateur, de l'ordre de Notre-Dame du
Calvaire à Gramat, il établit en ce lieu une neuvaine de
prédications qui s'ouvre annuellement le 8 septembre,
jour de la Nativité de la Très-Sainte Vierge. Il accourait
accompagné d'un de ses confrères, et se livrait, avec
toute l'ardeur de son zèle, au double ministère de la

(1) *Isaïe*, Loco cit. 20.
(2) Caillau , *Hist. de Notre-Dame de Roc-Amadour*, p. 5.

parole sainte et de la confession. Prêtres et fidèles se pres-
saient dans les diverses parties de ce pieux sanctuaire; un
grand nombre y passaient la nuit, comme en un lieu
de douce hospitalité, au pied des autels de Marie. Frappé
de cet empressement des peuples, le dévoué mission-
naire voulut pourvoir aux besoins de cette multitude, et lui
assurer les secours du salut. Il acheta de ses propres
deniers les ruines de l'ancienne forteresse de Roc-Amadour, et, avec l'agrément de Monseigneur d'Hautpoul,
évêque de Cahors, il fit bâtir sur le plateau une maison
d'habitation commune, qu'il ouvrit depuis à des missionnaires diocésains, spécialement chargés de ce pélerinage
sous l'autorité de leur évêque. C'est là qu'il avait la consolation de recevoir tous les ans un grand nombre de
prêtres, heureux de se dévouer avec lui, pendant cette neuvaine, et le jour et la nuit, à entendre les confessions.
Plusieurs prélats du voisinage, NN. SS. les évêques du
Puy, de Saint-Flour et de Tulle y vinrent acquitter le
tribut de leur propre piété envers la Très-Sainte Vierge, et
rehausser par leur présence l'éclat de ces saintes solennités. Le digne évêque actuel de Cahors (Monseigneur
Bardou) présidait chaque année, depuis son entrée dans le
diocèse, à ces pieux exercices, et, confondu avec ses prêtres dont il encourageait admirablement le zèle, on le
voyait assis, pendant toute la durée de la neuvaine, au
saint tribunal de la pénitence, y accueillant avec une
bonté paternelle les plus pauvres, les plus humbles de
son troupeau, et distribuant, le dernier jour, à des
milliers de fidèles la divine Eucharistie (1).

Jusqu'en 1850, époque de sa mort, le P. Caillau vint
chaque année prêter son concours à l'œuvre qu'il avait
inaugurée, et dont il voyait avec bonheur le succès toujours croissant. Il eût voulu perpétuer le témoignage de sa
reconnaissance envers Notre-Dame de Roc-Amadour et en
léguer l'expression aux Pères de sa Société. Il désirait les

(1) *Bibliographie Catholique*, août 1850.

voir établis auprès du sanctuaire qui lui était si cher, et chargés de l'administration du pélerinage. C'est dans ce but qu'il avait acquis les ruines de l'ancien château et qu'il y avait construit une vaste maison.

Ses intentions n'ayant pu être remplies, il céda sa propriété à l'administration diocésaine, et en destina généreusement le prix à une autre œuvre qui lui était également chère.

La maison bâtie par le P. Caillau est restée le séjour définitif des missionnaires et des prêtres attachés au service des sanctuaires. Sa distribution toute moderne ne mérite pas de fixer l'attention; aussi la traverserons-nous sans nous y arrêter, pour atteindre le sommet des vieux remparts.

De ce point élevé, la vue s'étend au loin sur une vaste plaine bizarrement tourmentée, sillonnée de profondes vallées, accidentée par de subites dépressions. Le sol pierreux, à peine voilé çà et là par diverses cultures, par des vignes et des bouquets de chênes, donne au paysage, par sa couleur grisâtre, un aspect triste et sévère.

Le rempart, soigneusement dallé et bordé des deux côtés d'une rampe solide, permet de s'avancer jusqu'à l'extrême bord du précipice. De là l'œil plonge sans obstacle dans la profonde déchirure au fond de laquelle serpente le lit de l'Alzou, et saisit tous les détails du site étrange qu'il domine. Le roc gigantesque qui se dresse en face, comme un formidable rempart, l'étroite vallée qui verdoie à sa base et se perd dans un de ses contours, la longue rue du village se découpant sur une sombre ceinture de noyers, le grand escalier développant ses marches nombreuses jusqu'à l'enceinte sacrée, la masse imposante des sanctuaires groupés sur une saillie du roc, forment un tableau d'autant plus saisissant, qu'on ne peut, d'une position aussi effrayante, le contempler sans émotion.

Et cependant Roc-Amadour n'est plus que l'ombre de lui-même. Le sac des huguenots, l'abandon, la pauvreté ont détruit et mutilé les monuments qui firent sa gloire, l'ont dépouillé de ses antiques richesses.

Quel merveilleux spectacle il devait offrir du haut des remparts, lorsqu'il se montrait paré pour recevoir les royaux visiteurs, les pélerins illustres qui venaient offrir leurs hommages solennels à la Reine des cieux ; ou bien lorsque, à l'époque des grands pardons, il s'ouvrait aux innombrables pélerins accourus des contrées les plus lointaines !

Sur les murs crénelés, sur les hautes tours qui défendaient les rues, sur le fort qui protégeait l'entrée de l'enceinte, flottait, auprès de l'étendard de la ville, la bannière de l'abbaye, étincelaient les armures des guerriers chargés de les défendre. Le château de la Charrette et ses cheminées svelteś et élancées comme des tours, les pignons qui projetaient sur les rues leurs silhouettes élégantes et variées, se pavoisaient de guirlandes de verdure, de draperies aux vives couleurs. Les fenêtres s'animaient de milliers de têtes rayonnantes de joie et de curiosité. Les églises étalaient sur leurs murs de précieux *ex-voto*, de brillantes tapisseries, et couvraient leurs autels des riches présents dont la reconnaissance les avait dotées. Sur tous les chemins, dans tous les sentiers se déroulaient de longues files de pélerins. Aux joyeuses volées des cloches se joignaient les chants de fêtes, les hymnes sacrées. La foule inondait les rues, les escaliers, les plateaux étagés, et refluait jusque dans la vallée, jusque sur les coteaux, que des caravanes étrangères avaient couverts de tentes. Elle se pressait joyeuse et recueillie vers le béni sanctuaire, où des groupes, sans cesse renouvelés, offraient à la Reine des cieux leurs vœux et leurs hommages.

Que de fêtes, ô Marie ! ont été célébrées ici en votre honneur ! Que de cris de joie, que d'hymnes de reconnaissance ont retenti sur ce rocher ! Quels vœux ardents, quels témoignages d'amour et de filiale gratitude vous ont été adressés dans ces lieux que votre puissance et votre miséricorde ont rendus célèbres entre tous !

Pendant des siècles, les peuples sont accourus à votre oratoire ; chaque jour encore de nombreux fidèles entourent votre autel. Nous aussi, après avoir visité les monuments élevés à votre gloire, après avoir recueilli les souvenirs pieux laissés par tant de générations, nous irons, à notre tour, nous prosterner au pied de votre miraculeuse image. Pleins de foi, d'amour et de confiance, nous saluerons en vous la généreuse Dispensatrice des dons de Dieu, et nous vous prierons de répandre vos faveurs sur nous, sur nos familles, sur tous ceux qui nous sont chers.

Pour redescendre aux sanctuaires, nous prendrons un chemin plus riant et moins pénible que l'escalier creusé dans le roc.

Après être sortis de l'enceinte fortifiée par le grand portail du château, nous suivrons un sentier qui serpente à travers une nature toute pyrénéenne, le long de rochers tapissés de mousses et de capillaires. Il nous conduira, par les voûtes naturelles d'une grotte, à un plateau entouré de hautes cimes. Nous franchirons sur un pont rustique le plan incliné, à double voie ferrée, qui amène aux sanctuaires tous les matériaux nécessaires à leur restauration, et, descendant par des lacets gracieusement ombragés la pente du coteau, nous rejoindrons l'antique chemin de l'évêque de Tulle. Cette voie, maintenant perdue et à moitié envahie par la culture, se dirigeait directement de l'hôpital aux églises, et aboutissait au passage souterrain par lequel nous retournerons au centre des édifices sacrés.

REQUÊTE DE L'AUTEUR AU PÈLERIN

Avant de prendre congé de vous, à l'entrée du saint oratoire où il vous a ramenés, celui qui a guidé vos pas dans le pélerinage vous demande deux grâces, que vous ne sauriez lui refuser. Il vous prie de contribuer à la restauration des sanctuaires en versant dans le tronc de la chapelle une offrande, quelque légère qu'elle soit. De plus, il réclame bien humblement pour lui-même une courte prière auprès de l'autel de Marie.